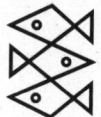

Zu diesem Buch:

Das Schreiben und Lesen von Kurzgeschichten, eine Zeitlang weniger gefragt, scheint wieder an Beliebtheit zu gewinnen. Jedenfalls deuten zahllose Anthologien, häufig das Ergebnis von Wettbewerben, darauf hin. Der schreibkundige Autor, erfahren im Leiten von Schreibseminaren und »Schreib-Gruppen«, demonstriert mittels praktischer Beispiele das Entstehen einer Kurzgeschichte von der ersten Idee bis zur Ausgestaltung des Textes. In einem theoretischen und einem praktischen Teil vermittelt der Autor Anregungen und Ratschläge für Neulinge und Profis gleichermaßen. Ein Service-Teil mit Angaben zu Preisen und Wettbewerben und mit weiterführender Literatur rundet das vor allem praktisch orientierte Anleitungsbuch ab.

Der Autor:

Jürgen vom Scheidt, Jg. 1940, hat Psychologie und Soziologie studiert. Er arbeitet zur Zeit in München in eigener psychologischer Praxis und leitet die »Münchner Schreib-Werkstatt«. Weitere Titel des Autors im Fischer Taschenbuch-Programm: »Handbuch der Rauschdrogen« (mit W. Schmidtbauer, Bd. 4551), »Kreatives Schreiben« (Bd. 11950).

Jürgen vom Scheidt

Kurzgeschichten schreiben

Eine praktische Anleitung

Fischer Taschenbuch Verlag

6.–7. Tausend: November 1996

Originalausgabe
Veröffentlicht im Fischer Taschenbuch Verlag GmbH,
Frankfurt am Main, März 1995

Druck und Bindung: Clausen & Bosse, Leck
Printed in Germany
ISBN 3-596-11639-2

Gedruckt auf chlor- und säurefreiem Papier

Inhalt

Zum Geleit

»Faid saoil chugat, a Fhiannai!« *

Dieses Buch erhebt nicht den Anspruch, auflagenstarke Schrift-steller zu produzieren, sondern will etwas mindestens so Wich-tiges fördern: das Erzählen und Schreiben von Kurzgeschichten als Form der Selbsterkenntnis, bis hin zur Selbsttherapie.

Dazu muß man vor allem lernen, einen meditativen Zustand zu erlangen, in dem es sich fast wie »von selbst schreibt«. Ich bin mir des Problems bewußt, daß man dies mit einem Buch nur andeuten und zu den Möglichkeiten lediglich hinführen kann; die Praxis setzt Training voraus, und davon nicht wenig. Wie dies auch beim Klavierspielen der Fall ist, beim Arabisch Spre-chen, beim Tanzen, beim Spekulieren mit Aktien.

Wer sein Handwerk und die dazugehörigen Instrumente be-herrscht, kann loslassen und – im Sinne des Zen – absichtslos werden. Ist dieser Zustand erreicht, schreiben sich Geschichten in der Tat »wie von selber«.

Dieses Buch ist das Ergebnis der Arbeit mit den Teilnehmern von mehr als 350 Seminaren. Spezielle Voraussetzungen dafür gibt es in der Regel nicht; alles, was ich erwarte, ist lediglich, daß man

- in der Schule gelernt hat, wie man die Buchstaben aufs Papier setzt;
- über eine gewisse Lebenserfahrung verfügt (sonst hat man keine Erlebnisse zu berichten);
- und Freude am Fabulieren hat.

Viele Leute, gelegentlich auch Berufsautoren und Journalisten, berichten mir, daß sie Schreibblockaden haben und sich deshalb richtig schämen; oder daß sie »nichts zu erzählen« hätten. An dieser Stelle sei nur so viel angemerkt: Es gibt nicht *die* Schreib-blockade, sondern mindestens ein Dutzend verschiedener. Die

* »Langes Leben Dir, Geschichtenerzähler!« (Zuruf aus dem Gälischen)

meisten Störungen dieser Art lassen sich schon durch die Seminarsituation mit ihren vielfältigen Anregungen und durch ein behutsames Vorgehen im kreativen Geschehen des Gruppenprozesses lösen. Allerdings gibt es auch sehr tief im Unbewußten verankerte Blockaden, die in der frühen Kindheit verwurzelt sind und intensiverer Bearbeitung bedürfen (am besten durch eine gezielte Therapie dieser Störung).

Soziales Schmiermittel

Wenn wir uns nicht unaufhörlich Geschichten erzählten, käme jedes soziale Leben rasch zum Stillstand. Geschichten sind gewissermaßen das Schmiermittel sowohl im Privatleben wie in der Arbeitswelt. Man diffamiert das gern als Klatsch und Gerüchteküche; aber die Sozialforscher haben herausgefunden, daß ohne dieses Mitteilen von Erlebnissen keine Kommunikation funktioniert – es sei denn in der rudimentären, auf nüchterne Informationen reduzierten Weise, wie Roboter in utopischen Geschichten sie untereinander austauschen.

Menschen brauchen mehr. Menschen brauchen den Austausch nicht nur von sachlichen Nachrichten; diese müssen vielmehr in Gefühle verpackt sein. Und was ist eine Geschichte anderes als »in Gefühle verpackte Informationen«? Stellen wir uns nur eine Psychotherapie vor, in welcher der Patient emotionslos die Fakten seines Alltags abspulte! Heilung wäre da unmöglich. Gerade weil in der Therapie »Geschichten mit Gefühl« erzählt werden, kann Therapie überhaupt wirken. Es ist nicht nur die Deutung des Psychoanalytikers, die den Kranken heilt; die Deutung kann nur Getrenntes zusammenfügen und bei der Integration unverarbeiteter Erfahrungen helfen. Die wesentliche Arbeit leistet der Patient selbst. Indem er sich erinnert an das, was früher (oder auch am selben Tag) geschehen ist. Oder indem er phantasiert. Um nach und nach zu lernen, wie man beides, Erlebtes wie Phantasiertes, zusammenfügt und vernetzt – und es auch wieder voneinander klar zu unterscheiden lernt.

All dies geschieht, indem Geschichten erzählt werden. Der Schritt von der gesprochenen zur geschriebenen Geschichte (um die es uns in diesem Buch geht) ist kein prinzipieller, wie wir noch sehen werden. Es ist allerdings auch kein geringer Schritt. Davon wissen all jene zu berichten, die ihn riskiert haben und gar zur *gelebten* Geschichte weitergingen; ihnen sei dieses Buch gewidmet. Andere sind nur zum Aufschreiben (und Veröffentlichen) ihrer Geschichten gekommen, ohne Heilung zu finden. Ihnen gebührt Verständnis und Mitgefühl.

Jürgen vom Scheidt

1. Renaissance der Kurzgeschichte?

Wer literarisches Talent hatte, zwei Termine einhielt und noch dazu eine Portion Glück sein eigen nannte, konnte vor einigen Jahren mit maximal 17 Schreibmaschinenseiten 45000 Mark gewinnen. Jedenfalls war das 1990 und 1991 der Fall. Die Füllhalter-Firma Montblanc hatte da bereits zum zweitenmal einen »Literaturpreis für kurze Geschichten« ausgeschrieben; dem Sieger winkten zwanzig Tausender, wenn das Thema »Profit« (1990) beziehungsweise »Die Umarmung« (1991) literarisch ansprechend bewältigt wurde. Eine Handvoll weiterer preiswürdiger Stories wurde in einem Taschenbuch zusammen mit der Sieger-Geschichte veröffentlicht und ebenfalls recht anständig honoriert.

Der von der Frauenzeitschrift Brigitte spendierte andere Preis, benannt nach der romantischen Dichterin Bettina von Arnim, ist noch freigiebiger: Die erste Dotierung beträgt stolze 25000 Mark, 15000 und 10000 gibt es für den zweiten und dritten Platz. Einsendeschluß ist jeweils der 31. Dezember*.

Daß solche Wettbewerbe die Talente anziehen, konnte man bereits bei »Montblanc« sehen, wo dem Aufruf zum Thema »Profit« fast 2000 Autoren folgten, bei der zweiten Ausschreibung »Die Umarmung« waren es bereits 3000! Die horrende Anzahl von Manuskripten und die mäßige Qualität der allermeisten dieser Einsendungen bewog dann »Montblanc«, die Bedingungen für die Teilnahme ab dem Termin 1993 (Der Gipfel) drastisch zu ändern: Der Herausgeber Joseph von Westfalen lädt nun persönlich eine beschränkte Anzahl bereits etablierter Autoren zum Wettbewerb ein; diese dürfen ihrerseits noch je einen weiteren unbekannten Teilnehmer einladen.

* Details zu den Wettbewerben und Adressen s. Anhang

Es läßt sich jedenfalls eine enorme Renaissance für das Schreiben von Kurzgeschichten beobachten. Damit meine ich nicht zuletzt jene Stories, die in den inzwischen buchstäblich unzähligen Literatur-Seminaren und Schreib-Werkstätten der *Creative-Writing*-Bewegung entstehen. Hier bildet sich eine literarische Szene heraus, die außerhalb des offiziellen Literaturbetriebs wächst und gedeiht.

Diese neue Szene könnte dem traditionellen Literaturbetrieb in Zukunft in einer ganz bestimmten Hinsicht sogar ernsthafte Konkurrenz machen: nicht so sehr in punkto literarischer Qualität, sondern in Hinsicht auf die emotionale Befriedigung, die es macht, eine Geschichte in vertrautem Kreis zu schaffen, sie dort vorzulesen, sofort ein Feedback zu bekommen, angeregt zu werden für Verbesserungen und neue Geschichten. Das hat die traditionelle literarische Szene in keiner Weise zu bieten!

Läßt sich das Unlehrbare *lehren?*

Dieses Buch will Anleitung sein, wie man selbst Kurzgeschichten schreiben kann. Aber läßt sich denn das eigentlich lernen – schon gar aus einem Buch? Meine Antwort ist natürlich ein klares »Ja«. Sonst hätte ich diese Zeilen gar nicht erst geschrieben. Meine Überzeugung stammt aus der praktischen Erfahrung mit vielen Schreib-Seminaren, speziell auch zur Form der Kurzgeschichte.

Aber ich will die Frage von einer noch ganz anderen Seite her beantworten. Niemand käme wahrscheinlich auf die Idee zu fragen, ob man lernen kann, Klavier oder Gitarre zu spielen oder bei einem Streichquartett von Mozart die Geige zu führen. Dafür gibt es Lehrer, Schulen und Konservatorien, wo man das entsprechende Handwerk erlernt. Oder man spielt in einer Rock-Band, in einer Jazz-Combo mit, sobald man sein Instrument einigermaßen beherrscht. Wer sich an Hausmusik* beteiligt, dem unterstellt man wohl nicht, daß das Ziel dieser

---

* 2,3 Millionen Deutsche sind Mitglied in einem Gesangverein, Millionen andere spielen ein Instrument.

Betätigung ist, demnächst öffentlich aufzutreten oder ein Konzert auf Platte zu pressen. Ähnliches gilt für das Malen, das Tanzen, das Bildhauern.

Nur in bezug auf das Schreiben herrscht da eine völlig andere Einstellung. Einem Journalisten gesteht man gerade noch zu, auf einer »Journalisten-Schule« die verschiedenen Tätigkeiten zu üben und das Fachwissen zu erwerben, das man braucht, um gute Artikel zu schreiben, Reportagen und Interviews zu machen, also Sach-Texte. Aber Kurzgeschichten? Novellen? Romane? Dramen? Gedichte?

Vor allem Profis (also Schriftsteller und Journalisten) runzeln da bestenfalls die Stirn. So etwas kann man – oder man kann es nicht, heißt es da gern. Eine sehr europäische, ja typisch deutsche Reaktion, die ich oft beobachten konnte. In den USA käme kaum jemand auf die Idee, so zu reagieren. An der Universität von Iowa kann man sogar mit einem Roman den Doktortitel erwerben; Drama schools und Hunderte von Writers Workshops vermitteln das Wissen, wie man Short stories und andere Texte schreibt. Der Literaturwissenschaftler Elmar Schenkel stellte diesbezüglich 1989 in der Zeitschrift LitFass die rhetorische Frage: »Das Unlehrbare lehren?« Er faßte anschließend seine vielfältigen eigenen Erfahrungen mit solchen Workshops so zusammen:

»Wäre ich Herausgeber einer Zeitschrift, hätte ich einen guten Teil der Dinge drucken können – so originell waren oft die Phantasien, so dicht gelegentlich die Sprache dieser Anfänger.«

Der Begriff Anfänger ist in diesem Zusammenhang wichtig. Wie schon das Sprichwort besagt, ist noch kein Meister vom Himmel gefallen. Warum sollte das beim Schreiben, zumal beim Schreiben von Kurzgeschichten, anders sein?

Zunächst schreibt man für die Schublade

Eine Geschichte muß man allmählich aufbauen, wie eine Vase auf einer Töpferscheibe. Das läßt sich lehren. Anderes muß man mitbringen. Zum Beispiel sollte man einiges erlebt haben, was erzählenswert ist. Auch ein gewisses Talent zum Erzählen, speziell zum schriftlichen Erzählen ist kein Schaden –

Doch halt! Was ist das denn eigentlich: Talent?

Ist Talent etwas Angeborenes, das man hat oder nicht hat? Oder handelt es sich dabei um gewisse Fähigkeiten und Begabungen, die man sich im Laufe des Lebens erworben hat? Wieweit sind diese trainierbar?

Ich vermute, daß es sich um eine Kombination von beidem handelt. Ein Minimum von (angeborenem?) Talent scheint mir unerläßlich, wenn man Geschichten schreiben möchte, die auch für Fremde lesenswert sind. Aber ist das denn unbedingt notwendig – daß man seine Geschichten auch veröffentlicht? Ich weiß, daß dies in den Ohren der Berufsautoren ketzerisch klingen wird. Wer schreibt, der schreibt doch, um seine Texte zu veröffentlichen, oder? Nun, ich habe die genau gegenteilige Beobachtung gemacht. Viele der Menschen, die in meine Gruppen kamen, hatten zunächst nur die Absicht, für sich selber zu schreiben und allenfalls noch für einen kleinen Kreis von Freunden und Bekannten. Das Erzählen und auch das Niederschreiben von Geschichten hat für sie jedoch vor allem den Sinn:

- sich über sich selber klarer zu werden und an verschüttete Konflikte und Gefühle heranzukommen (Geschichten gewissermaßen als Spiegel der eigenen Befindlichkeit, ähnlich wie Träume);
- eine Art »verfremdetes Tagebuch« zu führen (im Tagebuch erzählt man ja ebenfalls allerlei Geschichten, wenn auch meist kunstlos und in sehr geraffter Form, im Telegrammstil gewissermaßen);
- über Geschichten Kontakt und Gedankenaustausch mit anderen Leuten gleicher Absicht zu bekommen.

Genau hier setzt mein Buch an: Das Schreiben von Geschichten, und das Erzählen sowieso, wird zunächst einmal als eine Art Therapeutikum betrachtet, als Heilmittel in Situationen der Entfremdung von anderen und von sich selber.

143 Millionen Menschen insgesamt verstehen die deutsche Sprache. Dies ist der Markt, an den man sich wendet, wenn man schreibt und seine Texte veröffentlicht. Doch die Chancen für eine Publikation sind nicht so rosig, wie es eigentlich sein könnte. Blättert man die Prospekte führender Buchverlage durch, wird man staunend entdecken, daß die Kurzgeschichte hier eine ungeahnte Breitenwirkung entfaltet. Da mag es Hausse und Baisse geben wie bei anderen Formen und Themen auch; aber es ist doch erstaunlich, daß in einem keineswegs besonderen Monat wie November 1993 allein die Taschenbuch-Reihen über 70 Anthologien von mehreren und Kollektionen von einzelnen Autoren angeboten haben. Ich will allerdings nicht verschweigen, daß mir im selben Monat der Lektor eines großen Taschenbuch-Verlags schrieb von der »leidvollen Erfahrung, die wir mit der Veröffentlichung von Erzählbänden gemacht haben. Nicht einmal die Sammelbände prominenter Literaten lassen sich einigermaßen kalkulationsgerecht verkaufen.«

Dennoch: Publiziert werden Erzählbände allerorten – und das in einem beeindruckenden Ausmaß. Sinn macht das sicherlich, denn auch wenn die Kalkulation für den jeweiligen Band nicht stimmen mag, die Leser bekommen auf diese Weise eine Chance, in kleinen Häppchen einen (vielleicht neuen) Autor kennenzulernen, dem sie sich für die aufwendigere Länge eines ganzen Romans (noch) nicht anvertrauen möchten. Das ist zudem Imagepflege, für den Autor ebenso wie für den Verlag. Und es ist nicht zuletzt eine Hilfe für die Autoren während jener schwierigen Durststrecken, in denen Werke von Romanlänge die nötige Zeit zum Reifen erhalten oder Schreibblockaden sich auflösen können.

Was wäre beispielsweise ohne seine Short stories der amerikanische Autor Harold Brodkey, der seinem Publikum mehr als einem Jahrzehnt einen »großen Roman« versprach und (aus welchem Grund auch immer) nicht liefern konnte? Seine kurzen Geschichten sorgten dafür, daß man ihn nicht vergaß. Und lange Zeit dachte man sogar, daß seine *Nahezu klassische Stories* (so der Titel seiner gesammelten Kurzgeschichten) in ihrer Gesamtheit bereits dieser avisierte Roman seien. 1991 erschien dann endlich *The Runaway Soul*, ein Romanwerk, das von der Kritik sehr gelobt wurde.

Erzählen als wesentlicher Teil des Lebens

Was macht eigentlich außer der Kürze noch das Wesen einer Kurzgeschichte aus? Es gibt verschiedene Formen und Inhalte. Ja selbst die Länge kann beträchtlich variieren, von der »Mini-Story« oder »Short Short story« bis hin zu Erzählungen von gut 20 Druckseiten Länge, die der Novelle schon sehr nahekommen. Letztere unterscheidet sich von der Short story allerdings nicht nur durch den größeren Umfang (rund 30 bis 50 Seiten), sondern vor allem durch die Komplexität ihrer Handlung. Short stories verkürzen nämlich auch Inhaltliches auf ein eher handliches, leichter überschaubares Format, beispielsweise auf den tragenden Konflikt.

In der von Robert Shapard und James Thomas herausgegebenen Anthologie *Plötzliche Geschichten* sind sehr verschiedene Erzählungen versammelt, die alle eines gemeinsam haben: keine ist länger als sieben Druckseiten. Was wird auf diesen wenigen Seiten jeweils an Einfallsreichtum vorgestellt! In dieser Anthologie wird man außerdem mit dem ganzen Spektrum der formalen Möglichkeiten vertraut gemacht, die sich auf diesen einfachen Nenner bringen lassen: Alles ist erlaubt.

Also ist dann letztendlich alles eine Kurzgeschichte, was sich auf vergleichsweise wenigen Seiten präsentiert?

Nun, eine Geschichte sollte schon erzählt werden, in irgendeiner Form. Und sie sollte gewissen Kriterien genügen, die über das rein formale Experiment hinausgehen. Daß man in Form eines Rundbriefs an ehemalige Klassenkameraden kurz jeden der Ex-Schüler in seiner aktuellen Lebenssituation charakterisiert, dampft die Möglichkeiten des Erzählens wirklich auf das Wesentliche ein; aber da das alles recht kunstvoll aneinandergefügt ist und auf einer übergeordneten Ebene ein (recht trauriges) Bild dieser ganzen Klasse zeichnet, mag dies als Story durchgehen. Nachzulesen in der erwähnten Anthologie, in Lucas Coopers böse glitzernden »Klassennotizen«. Hier ein Zitat daraus:

> »TED MECHAM ist möglicherweise der erste der '66er Abschlußklasse, der sich zur Ruhe setzt. Ich traf ihn und seine hübsche Frau Kathy im Oktober bei einem Spiel der Buccaneers in Tampa Bay. Seine Investitionen in die Zuckerraffinerie und in südamerikanische Rinder haben sich bestens ausgezahlt. Ein besonderes Geheimnis? ›Ja‹ sagt Ted. ›Rein und raus, das ist der Schlüssel.‹« (S. 175)

Vignette auf Vignette dieser Art fügt wie die Farbpunkte in einem impressionistischen Gemälde eine recht komplexe Welt auf kleinstem Raum zusammen. Das ist vom Inventar der Personen her eigentlich eines Romans würdig, hat hier aber einen viel direkteren Zugriff auf die schiere Fülle des Personals und nur nebenbei auf die Facetten ihrer Persönlichkeit und deren Tiefendimensionen (so erfahren wir praktisch nichts über ihre Lebensgeschichte).

Die nächstmögliche Steigerung wäre das Telefonbuch.

So ein Experiment wie das Coopersche kann man allerdings nur einmal machen. Ich empfehle dies jedoch in meinen Seminaren jenen Teilnehmern als Experiment, die das Schreiben wirklich kurzer Geschichten üben möchten. Alles, was man dazu braucht, ist rund eine Stunde Zeit. Man beginnt mit einer kleinen Besinnung von fünf Minuten, läßt mit geschlossenen Augen und ohne Ablenkung die Abschlußklasse der letzten Schule, die man absolviert hat, Revue passieren. Danach notiert man zu jeder Person einen einzigen Satz (der allerdings beliebig lang sein darf). Das Bearbeiten dauert freilich etwas länger. Besonders interessant sind dabei zwei Arten von Personen: die, zu denen einem besonders viel einfällt, so daß man mit einem einzigen Satz gar nicht auszukommen meint; und die am anderen Ende des Spektrums, zu denen einem überhaupt nichts einfällt.

Das Schreiben von Geschichten hat neben den rein literarischen Aspekten auch wesentliche Anteile von Selbsterfahrung, von Bewußtseinserweiterung und sogar von Selbst-Therapie. Man kann dabei drei Phasen der Entwicklung unterscheiden:

1. Zunächst einmal schreibt man für sich selbst, als Akt der Psychohygiene gewissermaßen (Tagebuch, Briefe, Selbsterfahrungs-Texte).
2. Dazu kommt irgendwann der Spaß am Formulieren, am Spielen mit der Sprache. Das zeigt sich nicht zuletzt beim Gestalten der Rohtexte, die in der ersten Phase entstanden sind.
3. Noch ernster wird es, wenn es ans Veröffentlichen der Texte geht.

Das Schwergewicht wird in diesem Buch weniger auf das Literarische gelegt als vielmehr auf praktisch-gestalterische und kreativitätspsychologische Aspekte, die dabei helfen, Geschichten überhaupt erst einmal zu Papier zu bringen. Diese Welt der inneren Wirklichkeit und der Phantasie möchte ich »Scheherezades Reich« nennen.

Erinnern Sie sich? Da gab es einen König im fernen Morgenland, der von seiner Frau betrogen wurde und sie im Zorn erschlug. Da er nicht allein leben wollte, holte er sich immer neue Frauen in seinen Palast, verführte sie – und tötete sie, noch ehe die Hochzeitsnacht um war. Das sprach sich herum, und irgendwann wollte keine Frau mehr dieses Risiko auf sich nehmen. Bis sich die kluge und schöne Tochter des Wesirs der Sache annahm. Sie wurde jedoch nicht nur die neue Frau des Königs und somit sein potentielles nächstes Opfer, sondern erzählte ihm, ehe die erste Nacht um war, eine Geschichte. Doch klug wie sie war, erzählte sie so, daß der Schluß offenblieb. Der König, neugierig geworden, ließ sich darauf ein, in der folgenden Nacht die Fortsetzung zu hören.

Wenn man diese Rahmenhandlung modern interpretiert, kann man sagen, daß die Prinzessin ihre literarischen Fähigkeiten mit geradezu therapeutischem Gespür einsetzte, um den seelisch kranken Sultan von seinem mörderischen Frauenhaß zu heilen, mit dem er tausendundeine Nacht ja auch Scheherezades Leben bedrohte.

Geschichten erzählen, das heißt für mich, ich betone es nochmals, nicht nur Aufschreiben, Publizieren, Geld verdienen. Erzählen von Geschichten ist nicht zuletzt auch eine Form von Selbsterfahrung und letztlich von Psychotherapie beziehungsweise Selbst-Therapie – ja, es ist sogar der wesentliche Kern jeder sinnvollen Therapie: Der Kranke erzählt sich frei. Zunächst kotzt er sich gewissermaßen aus. Dann beginnt er, immer wieder dieselben Stories darbietend, seine Themen und Stoffe durchzuarbeiten und zu gestalten. *Erinnern, Wiederholen, Durcharbeiten*, hat Sigmund Freud deshalb eine seiner interessantesten Arbeiten überschrieben. Und siehe da: Irgendwann, wenn Therapie gelingt, tauchen neue Themen auf, neue Inhalte aus anderen, tieferen Schichten. Oder einfach auch aus neu entdeckten Winkeln des Alltags.

Damals erzählte Scheherezade ihrem mörderischen König ein Märchen nach dem anderen, ihr buntes Phantasieband von Nacht zu Nacht schlingend: »Fortsetzung folgt« hieß schon in jenen Tagen der Zauberspruch. Heute erzählen wir uns und anderen Leuten Stories zur Heilung und Selbstheilung. Das ist der wesentliche Kern jeden Lesens und Schreibens von Literatur. Auf einer tieferen Ebene erzählt *Tausend und eine Nacht* allerdings nicht nur vom Triumph weiblicher Erzählkunst über männliche Rachsucht und Mordlust. Es ist vielmehr auch eine Fabel vom Sieg der Phantasie über Sex und Alltagslangeweile. Auch der mächtige König will ja im Grunde genommen mehr als nur das nackte Fleisch einer immer neuen Geliebten, auch er möchte gern mal etwas anderes hören als immer nur die Nöte seiner Untertanen in der Audienzhalle. Er sucht Anregung aus dem spielerisch-kreativen Bereich. Und so wie Scheherezade fabulierend den bedrohten eigenen Körper rettet – so rettet sie dem König seine vertrocknete, lädierte Macho-Seele.

Wir wollen nicht versäumen, ehe wir Scheherezades Reich wieder verlassen, die große Erzählerin selbst zu Wort kommen zu lassen. Am Schluß der Erzählungen aus *Tausend und eine Nacht* wird dieser bunte Regenbogen an Wirklichem und Phantastischem noch einmal überhöht durch eine Szene, die mehr zu Herzen geht als all die spannenden und informativen Geschichten, die Scheherezade zuvor ihrem gefährlichen Gebieter erzählt hatte.

Wir erinnern uns: Der frauenmordende Herrscher hatte sich nur durch die Erzählkunst der schönen Frau davon abhalten lassen, sie wie ihre unglücklichen Vorgängerinnen schon nach der ersten Liebesnacht zu töten. Da er sie jede Nacht begehrte, konnte es nicht ausbleiben, daß Scheherezade auf dieser unglaublichen, langen Reise durch das Märchenland auch ganz prosaisch schwanger wurde. Sie muß schon alle Künste der Frauen aufgewendet haben, um ihn über diese biologischen Tatsachen hinwegzutäuschen. Aber da der König eben auch nur ein Mann war und in diesen Dingen (Tölpel, welche die Männer sind) ebensowenig genau hinschaute wie andere Männer auch – war er sehr erstaunt, als die Geliebte ihm die Folgen des nächtlichen Treibens vorstellte:

> Als sie diese letzte Geschichte beendet hatte, erhob sie sich, küßte dann den Boden vor dem König und sprach zu ihm: »Oh größter König…, ich habe dich nun tausendundeine Nacht hindurch unterhalten mit Geschichten aus der Vergangenheit und lehrreichen Beispielen aus früherer Zeit. Darf ich jetzt an deine Majestät einen Wunsch richten und mir von dir eine Gnade erbitten?«

Der König ist gnädig, und so läßt Scheherezade ihre drei mit ihm gezeugten Knaben hereinführen.

> Die Ammen brachten die Kinder in Eile… Einer von ihnen ging, der andere kroch und der dritte lag an der Brust. Als sie nun bei ihr waren, nahm sie alle drei und brachte sie vor den König, küßte den Boden vor ihm und sprach:

»Oh größter König unserer Zeit, dies sind deine Kinder, und ich flehe dich an, daß du mir den Tod erlässest um dieser unmündigen Knaben willen. Wenn du mich tötest, sind diese Kleinen ohne Mutter, und sie werden unter den Frauen keine finden, die sie in rechter Weise erzieht.«

Da weinte der König und drückte die Knaben an seine Brust, und er sprach: »Oh Scheherezade, bei Allah, ich hatte dich schon freigesprochen, ehe diese Kinder kamen…«

Alsbald verbreitete sich die Freude im Schloß des Königs, und sie strömte durch die ganze Stadt. Jene Nacht zählte zum irdischen Leben nicht, und ihre Farbe war weißer als des Tages helles Angesicht…

Scheherezades Erzählungen aus *Tausend und einer Nacht* sind ja weit mehr als nur lose aneinandergereihte Märchen und Abenteuergeschichten. Sie sind in Wahrheit der geniale Roman des Orients jener frühen Epoche zur Zeit Harun al Raschids. Die Rahmenhandlung, innerhalb derer Scheherezade buchstäblich um ihr Leben erzählt, hält all diese Hunderte kunstvoll ineinander verschachtelten »Geschichten in der Geschichte in der Geschichte« mühelos zusammen: Sie ist zugleich eine ungemein anrührende, zutiefst menschliche und unglaublich spannende Geschichte für sich! Vor ihrem genialen Erzähltalent (beziehungsweise dem ihres Erfinders) will ich mich mit diesem Buch verneigen.

In den folgenden Kapiteln beschreibe ich im Detail die einzelnen Elemente, die eine gute Geschichte ausmachen, und was ihre Funktion beim Erzählen ist.

2. Raum, Zeit und Person

Dieses Kapitel orientiert sich an meinen Lehrgängen »Die Kunst der Kurzgeschichte«, die ich seit 1990 abhalte. Sie bestehen aus jeweils sieben Wochenenden, an denen je ein bestimmtes Grundelement des Erzählens im Mittelpunkt steht, also beispielsweise die Beschreibung einer handelnden Person oder der Schauplatz, die Entwicklung der Handlung oder der tragende Konflikt. (Einen Überblick finden Sie im folgenden Kasten.)

Zunächst stelle ich die drei unabdingbaren Grund-Elemente vor. Es sind nicht viele: Person(en), Raum und Zeit. Aus diesen wenigen Grundkonstanten entfalten sich Konflikte, Handlungen, Spannung und das übrige Repertoire. Im anschließenden Kapitel wird dies gewissermaßen verfeinert: *Stoff* und *Plot* werden verglichen. Anfang, Ende (samt Pointe) und Atmosphäre

---

Die wesentlichen Elemente einer Geschichte

1. Der Plot
2. Anfang der Geschichte
3. Handlung
      3.1 Konflikt
      3.2 Hindernis/Prüfung
      3.3 Schürzung des Dramatischen Knotens
      (Enge, Angst und »Nachtmeer-Fahrt«)
      3.4 Lysis (Auflösung des Konflikts)
4. Die Personen
5. Der Schauplatz
      5.1 Raum (Lokalkolorit),
      5.2 Zeit (Zeitkolorit),
6. Schluß der Geschichte (Pointe)

---

werden betrachtet. Dies wird abgerundet mit kleinen Exkursionen zu Fragen der literarischen Qualität, der Metapher, der Lebendigkeit einer Story.

Damit dies alles nicht zu abstrakt bleibt, zeige ich auf der folgenden Doppelseite anhand einer Geschichte, die wahrscheinlich jeder von Ihnen in der Schulzeit kennengelernt hat, wie diese einzelnen Elemente im konkreten Fall aussehen können. Es ist dies Johann Peter Hebels »Kannitverstan«. Aus Gründen der Übersichtlichkeit bilde ich die Geschichte gekürzt ab. Wenn Sie die komplette Story lesen möchten: Sie finden sie im Anhang. Nun werden Sie vielleicht einwenden, daß ich doch eine modernere Geschichte und nicht gerade eine von 1811 hätte aussuchen können. Sie werden jedoch feststellen, daß unter der (erstaunlich dünnen) Alterspatina eine lebendig geschriebene zeitlose Geschichte aufleuchtet, die ihren Glanz in fast zwei Jahrhunderten nicht verloren hat. Außerdem ist es eine Geschichte, die mir besonders am Herzen liegt: Es ist die erste, die ich überhaupt gelesen habe, als Siebenjähriger, und zwar nicht in einem Schulbuch, wie die meisten Leute, sondern in einer Kinderzeitschrift, die damals, 1947, gerade als eine der ersten Nachkriegsblüten im Kiosk der Garmischer Zugspitzbahn auslag.

Habe ich Sie ein wenig neugierig gemacht? Dann schlagen Sie doch bitte jetzt zunächst einmal die Seite 99 auf und führen sich den »Kannitverstan« zu Gemüte. Es lohnt sich.

Wie beim Billardspiel

Dem Schreiben von Geschichten nähert man sich am besten wie einem Billardtisch: Da liegen vor einem zunächst alle möglichen Elemente (die Kugeln) als theoretische Möglichkeiten ausgebreitet. Es hat keinen Sinn, viel nachzugrübeln, wie man am besten beginnt oder das aktuelle Spiel weiterführt: Der Möglichkeiten sind einfach zu viele. Also stößt man am besten beherzt mit dem Queue mitten in die Anfangsordnung der far-

»Kannitverstan«

Der Mensch hat wohl täglich Gelegenheit, in Emmendingen und Gundelfingen so gut als in Amsterdam, Betrachtungen über den Unbestand aller irdischen Dinge anzustellen (…) Aber auf dem seltsamsten Umweg kam ein deutscher Handwerksbursche — *Protagonist (Hauptperson)* in Amsterdam durch den Irrtum zur Wahrheit und zu ihrer Erkenntnis. Denn als er in diese große und reiche Handelsstadt — *Schauplatz* voll prächtiger Häuser, wogender Schiffe und geschäftiger Menschen gekommen war, fiel ihm sogleich ein großes und schönes Haus in die Augen (…) Endlich konnte er sich nicht entbrechen, einen Vorübergehenden anzureden. — *Nebenfigur*

»Guter Freund«, redete er ihn an, »könnt — *Dialog* ihr mir nicht sagen, wie der Herr heißt, dem dieses wunderschöne Haus gehört mit den Fenstern voll Tulipanen, Sternenblumen und Levkojen?« Der Mann aber, der vermutlich etwas Wichtigeres zu tun — *Konflikt und Plot: ein Mißverständnis* hatte und zum Unglück geradesoviel von der deutschen Sprache verstand als der Fragende von der holländischen, nämlich nichts, sagte kurz und schnauzig: »Kannitverstan!« und schnurrte vorüber. (…) Aber der gute Fremdling glaubte, es sei der Name des Mannes, nach dem er gefragt — *Antagonist (2. Hauptperson)* hatte. ›Das muß ein grundreicher Mann sein, der Herr Kannitverstan‹, dachte er und ging weiter.

(…) als er eben dachte: Wenn ichs doch nur — *Steigerung des Konflikts* auch einmal so gut bekäme, wie dieser Herr Kannitverstan es hat!, kam er um eine Ecke und erblickte einen großen Leichenzug.

Vier schwarz vermummte Pferde zogen einen ebenfalls schwarz überzogenen Leichenwagen langsam und traurig, als ob sie wüßten, daß sie einen Toten in seine Ruhe führten. Ein langer Zug von Freunden und Bekannten des Verstorbenen folgte nach (...) Jetzt ergriff unsern Fremdling ein wehmütiges Gefühl, das an keinem guten Menschen vorübergeht, wenn er eine Leiche sieht, und blieb mit dem Hut in den Händen andächtig stehen, bis alles vorüber war. Doch machte er sich an den letzten vom Zug (...) »Das muß wohl auch ein guter Freund von Euch gewesen sein«, sagte er, »dem das Glöcklein läutet, daß Ihr so betrübt und nachdenklich mitgeht?«

»Kannitverstan« war die Antwort. Da fielen unserm guten Tuttlinger ein paar große Tränen aus den Augen{...}

Endlich ging er leichten Herzens (...) und wenn es ihm wieder einmal schwerfallen wollte, daß so viele Leute in der Welt so reich seien und er so arm, so dachte er nur an den Herrn Kannitverstan in Amsterdam, an sein großes Haus, an sein reiches Schiff und an sein enges Grab.

Pointe

Message

Die wesentlichen Elemente einer Geschichte

Handlung (Konflikt und Contra-Punkt), Personen und Schauplatz sind wesentliche Elemente. Dialog und Pointe sind Beispiele für Nebenelemente.

Was ist der Konflikt in J. P. Hebels »Kannitverstan«? Die bescheidene Welt des unerfahrenen Handwerksburschen prallt auf den (vorgeblichen) Reichtum eines Reichen. Daß dieser wohlhabende Amsterdamer nur eine Fiktion ist, entstanden durch ein sprachliches Mißverständnis, erhöht noch den Reiz der Geschichte.

bigen Bälle hinein. Und wendet sich dann Stoß für Stoß einem Element nach dem anderen zu. Bis der Tisch leer, die Story also beendet ist.

Wie beim Billard lernt man dazu, und von *Spiel* zu *Spiel* wächst die Meisterschaft. Wer sein Handwerk und die dazugehörigen Instrumente beherrscht, kann *loslassen* und – im Sinne des Zen – *absichtslos* werden. Ist dieser Zustand erreicht, schreiben sich Geschichten in der Tat »wie von selber«. Die Voraussetzung dafür ist, daß der Autor sein Handwerkszeug wirklich beherrscht. In diesem Kapitel stelle ich deshalb die wesentlichen Elemente vor, aus denen eine Story sich zusammensetzt.

Das Konzept der Inneren Bühne

Grundmodell für meine Seminare ist das Konzept der »Inneren Bühne«. Dies wird folgendermaßen praktisch umgesetzt: Ich bitte jeweils zu Beginn einer Schreibsitzung die Teilnehmer, die Augen zu schließen und sich vorzustellen:

»Sie sitzen in einem Theater und schauen vor zur Bühne. Der Vorhang ist zunächst geschlossen; aber Sie ahnen bereits, daß sich dahinter einiges tut. Nun geht der Vorhang langsam auf. Kulissen werden sichtbar –
Was sehen Sie? Ist da eine Landschaft – im Gebirge – am Meer – oder in einer Wüste – Wo waren Sie das letzte Mal in einer Landschaft, die Sie beeindruckt hat?
Aber vielleicht spielt die Geschichte auch im Inneren eines Gebäudes –«

Nachdem sich die Vorstellung des Schauplatzes (Lokalkolorit) allmählich entfaltet hat, geht es weiter mit dieser Anweisung:

»Stellen Sie sich nun vor, daß jemand auf der Bühne erscheint. Ist es ein junger Mensch oder ein alter? Ein Mann oder eine Frau? Oder ist es gar kein Mensch?«

Wieder lasse ich Zeit, daß sich die inneren Bilder entfalten können.

»Nun erscheint eine weitere Figur ... Wo immer sich zwei Menschen begegnen, kann es zum Konflikt kommen. Entweder haben sie gemeinsame Interessen, aber verschiedene Vorstellungen davon, wie diese sich realisieren lassen. Oder sie haben verschiedene Interessen – dann kommt es auf jeden Fall zum Konflikt ...
Wie sieht dieser Konflikt aus? Um welche Interessen könnte es gehen?«

Konflikt ist die treibende Kraft jeder Handlung. Die Handlung entfaltet sich (*Exposition* nennt man das beim Theaterstück), sie treibt auf einen Höhepunkt zu, den *Dramatischen Knoten*. Irgendwie entkommt die Hauptfigur (der Held oder Protagonist) der beklemmenden Enge dieser Verstrickung. Er besteht die Prüfung, überwindet das Hindernis. Oder scheitert daran. Jedenfalls löst sich der Konflikt irgendwie auf (*Lysis* nennt man das). Schluß der Vorstellung unseres Inneren Theaters. Schluß auch der Kurzgeschichte, die sich da – hoffentlich – entfaltet hat.
Es gilt noch, speziell den Anfang der Story und ihr Ende (die Pointe) sorgsam auszugestalten; sind diese doch für uns selbst als Autor wie für den potentiellen Leser Eingang und Ausgang des geistigen Gebäudes unseres Textes, die entsprechend einladend beziehungsweise abschiedgebend sein sollten. Jetzt muß das Ganze nur noch aufgeschrieben werden. Und dieser Rohtext seinen Feinschliff bekommen.

Vier existentielle Bereiche

Wesentliche Bestandteile jeder Geschichte sind vier Bereiche, die gewissermaßen den Rahmen des *Webstuhls* darstellen, in dem der Teppich des menschlichen Schicksals sich entfaltet. Diese Meta-Elemente beeinflussen wesentlich Qualität und Atmosphäre einer Geschichte. Es sind die vier existentiellen Bereiche, in denen der Mensch sich während seines Lebens bewegt und auf die hin er sich orientieren beziehungsweise zu denen er Stellung nehmen muß:

– *Beziehungen* absichtsloser Art zu anderen Menschen, wie sie ihren Ausdruck in Gefühlen, Stimmungen, Affekten und vor allem auch in Handlungen oder dem Unterlassen von Handlungen finden. Hierzu zählt alles, was mit menschlichen Beziehungen zu tun hat, speziell solche privater Natur, also Liebesbeziehung, Geschwisterrivalitäten, Generationenkonflikte, haßerfüllte Spannungen zwischen Nachbarn.
– *Arbeit und Beruf:* Die funktionalen Beziehungen zur Welt der Materie, zu Besitz, Geld, Existenzsicherung. Details aus Arbeit und Beruf, welche vor allem die Hauptfigur charakterisieren helfen. Besonders konfliktträchtig ist die Tatsache, daß sich an vielen Arbeitsplätzen private und beruflich-funktionale Beziehungen selten klar voneinander trennen lassen. Man denke nur an den klassischen Konflikt, der sich durch eine Liebschaft zwischen Chef und Sekretärin entwickeln kann – vor allem dann, wenn sie seine Ehefrau wird oder gar eine Spionin ist.
– *Selbst:* Eigener Körper, Geist und Seele. Allgemein der Kontakt mit uns selbst, wie er sich äußert in Selbstwertgefühl, Selbstbewußtsein, Urvertrauen, Phantasie, Kreativität, Durchsetzungsvermögen, Optimismus, Wirklichkeitssinn (oder die jeweiligen Negativeinstellungen wie Urmißtrauen und Phantasielosigkeit).
– *TRANS:* Dies meint Transformation und Transzendenz, Spiritualität, Glaube an Gott oder ein ähnliches übergeordnetes Wesen. Sinn des Lebens. Kreativität in vielerlei Formen von der biologischen Zeugungskraft und dem künstlerischen Ausdruck bis zur göttlichen Inspiration. Allgemein: Alles, was mit den tieferen Schichten des Geschehens zu tun hat – vor allem religiöse Fragen, künstlerische und philosophische Gedanken.

Je nach Ladung einer Geschichte mit einem oder mehreren dieser Faktoren könnte man sie als »Geschichte vom B-Typ« und so weiter bezeichnen. Hebels Kannitverstan würde ich dem TRANS-Typ zuordnen – handelt diese Geschichte doch letztendlich von der Relativität allen Geschehens im Angesicht des Todes. Für ideal halte ich es, wenn möglichst alle vier Faktoren präsent sind. Man sollte einmal einige Geschichten in dieser Hinsicht überprüfen, auch eigene Produkte. Eine dynamische Balance zwischen diesen vier Faktoren dürfte jeder Geschichte gut bekommen.

Jede Story schafft eine eigene Welt

Jede Erzählung schafft eine eigene Welt. Zunächst im Inneren des Erzählers. Dann auf dem Papier. Dann in den Lesern (oder Zuhörern). Diese Weltkonstruktion kann in der Außenwelt gefunden werden. Sie kann aber auch erfunden werden, kann künstlich sein (die Welten der Science-fiction sind dafür symptomatisch, aber auch die Welten der Märchen).
Wie sieht diese Welt beim Kannitverstan aus? Sie hat gewissermaßen zwei Schalen: Da ist, mehr zwischen den Zeilen durchschimmernd, die eher karge Welt des deutschen Handwerksburschen, nur zu ahnen in seinen etwas krausen Ansichten und seinem Mißverstehen. Und da ist die Welt des (vorgeblich) reichen Holländers in Amsterdam.
Nicht künstlich sein und möglichst nicht erfunden werden sollten nach meiner Meinung die handlungssteuernden Konflikte und die aus ihnen resultierenden Situationen; diese sollten nach Möglichkeit selbst erlebt sein, wenn auch in vielen möglichen Verfremdungsstufen unkenntlich gemacht – oder auch schlicht dem Urheber unbewußt.
Die Personen sollten, auf einer Erzählebene dazwischen gewissermaßen, ebenfalls *echt* sein, im Sinne von selbst erlebt. Es können aber auch beliebige Teilpersönlichkeiten (Innere Gestalten) des Erzählers sein. Letzteres weiß man jedoch oft erst

hinterher – wenn die Geschichte erzählt und damit auch ein wenig verarbeitet ist.

Wie mischt jemand die ihm zur Verfügung stehenden Elemente der Kurzgeschichte? In welchem Verhältnis steht *erzählende Prosa* zu *Dialog*? Wieviel Gramm Reflexion mutet er seinem Leser zu? Wie viele Zeilen Rückblende, Vorschau, Phantasie über den möglichen Verlauf der Geschichte? Wann wird die Gegenwartsform als Stilmittel eingesetzt? Je nachdem, wie dieses Mischungsverhältnis aussieht, wird das Ganze entweder

– zum farblosen Geplauder,
– zum charakteristischen Stil,
– zur lästigen Marotte des Autors.

»Du sollst nicht langweilen«

Diese pointierte Forderung des bekannten Regisseurs Billy Wilder sollte jeder Autor wie eine mahnende Fahne an seinem Bildschirm befestigen. Damit er nicht vergißt, was er dem Leser schuldig ist, der für seine Geschichte (seinen Artikel, sein Sachbuch) bezahlt hat. Aber wie alle solche absolut gesetzten Gebote trifft auch diese die Wirklichkeit nicht so ganz. Ein bewußt eingesetztes Quentchen Langeweile, wie eine Prise Gewürz an ein Essen gegeben, schadet keinem Text, ganz im Gegenteil. Aber es darf eben nur eine Prise sein.

Retardierendes Moment nennt man das bei Theaterstücken oder in Romanen. Der Rhythmus einer Erzählung sollte wechseln zwischen eher behäbigen Passagen und rasch ablaufenden Ereignisketten (was man durch Dialog noch zusätzlich steigern kann). Von Filmen kann man da viel lernen. Und von Comics! Nur atemlos sollte das Ganze nicht werden. Bei einer Kurzgeschichte ist zwar schon allein von der Länge her die Gefahr nicht ganz so groß, daß man langweilen könnte; aber möglich ist dies auch dort. Deshalb lieber abwechseln zwischen Spannung und – ja, ich will es lieber *scheinbare Langeweile* nennen!

Karl May war bekannt dafür, daß er mitten in einer eskalierenden Handlung plötzlich behäbig über Land und Leute zu referieren und zu sinnieren begann, und das über etliche Seiten hinweg. Als Kind und Jugendlicher habe ich dergleichen einfach überblättert. Und als Erwachsener würde ich es wohl auch tun, wenn ich noch immer Karl May läse, weil seine retardierenden Einschübe einfach zu kunstlos daherkommen. Aber ein guter Schriftsteller kann genau diese scheinbar langweiligen Einschübe nützen, um seine wahre Erzählkunst zu demonstrieren: indem er nämlich die eher verborgenen Seiten der Wirklichkeit herausarbeitet und zum Leuchten bringt. Man lese nur einmal den Anfang von Umberto Ecos *Name der Rose*!

2.1 Der Plot

Eine Idee ist noch nicht genug für eine Geschichte. 1955 hatte ich während einer langweiligen Schulstunde den Einfall, eine SF-Story über die Aufhebung der Schwerkraft zu schreiben. Darin experimentierte ein genialer Professor der Physik auf einem fernen Asteroiden mit einer Maschine, die Anti-Gravitation erzeugte. Das war die *Idee*, die mich faszinierte. Was ich damals, als 15jähriger, noch gar nicht richtig begriff, war, daß es viel mehr braucht als einen interessanten und neuen Einfall (dieser war nicht einmal sonderlich interessant, und neu war er schon gar nicht: Es gab damals bereits Dutzende von SF-Geschichten über die Aufhebung der Schwerkraft).

Aber was hätte ich in diesem Alter schon über die Person dieses Wissenschaftlers Tiefgründiges schreiben können? Oder über mögliche Konflikte, die sich aus dieser Erfindung ergeben könnten? Oder über die bizarre Landschaft eines solchen Kleinplaneten (es waren ja in der Realität von 1955 noch nicht einmal auf dem Mond Menschen gelandet oder Sonden wie »Galileo« in dieses rätselhafte Gebiet des Weltraums zwischen Erde und Mars vorgedrungen).

Eine Idee, und sei sie noch so originell, ist noch kein literaturwürdiges Thema, geschweige denn ein packender *Stoff*, dessen Gestaltung Leser fesseln könnte. Sie ist allenfalls ein Keim, aus dem ein Plot wachsen kann, der allmählich zum Stoff wird. Viele Stories der Science-fiction leiden genau unter diesem Mangel: daß sie in erster Linie Ideen-Geschichten sind. Einem Jugendlichen genügt das in der Regel; er braucht Anregungen durch Ideen. Menschen interessieren ihn primär als Projektionsflächen für seine eigenen Träume, Utopien, Hoffnungen und Ängste und als Ideenträger (die Amerikaner nennen so etwas sehr anschaulich *cardboard characters* – was man frei mit *Pappkameraden* übersetzen darf). Erst der Erwachsene will mehr wissen und lesend miterleben: wie die Persönlichkeit dieser *characters* in der Tiefe aussieht, woher diese Figuren kommen, was ihre Schicksale und ihre Beziehungsverflechtungen sind.

Andrerseits leiden nahezu alle normalen Geschichten, die sich mit Zukunftsaspekten befassen, darunter, daß sie ihr Thema zugunsten von Alltags-Trivialitäten aus den Augen verlieren – in der absurden Angst, der Leser könnte sich langweilen. Das läßt sich insbesondere bei Fernsehproduktionen beobachten. Ein Beispiel war im Herbst 1993 »Das Sahara-Projekt«. Dieser vierteilige Thriller handelte von dem gigantischen Unternehmen, die Energieprobleme der Menschheit durch großflächige Solar-Farmen zu lösen, die – als einzig sinnvolle Alternative zur Atomtechnik – in den Wüstengebieten der Erde gebaut werden sollen. Über dieses Projekt selbst erfährt man in der Serie herzlich wenig; dafür um so mehr über das, was ein Rezensent so formulierte: » ... haben die Akteure immer nur das eine im Kopf: Alle sind in verquere, komplizierte Liebesgeschichten verwickelt, das ist das Konkrete des Spiels.«

Auf diese Weise wird mit einem der brisantesten Menschheits-Themen des kommenden Jahrtausends umgegangen.

Und wie macht Johann Peter Hebel das im Kannitverstan? Sein Plot ist schlicht und nicht zuletzt deshalb so eindrucksvoll. Es ist zunächst wenig mehr als ein *running gag*, wie man das in der Komödie nennt; aber im Verlauf der komprimierten Geschichte zeigt sich, daß hinter dem Gag viel Tiefsinn verborgen ist. Da kommt einer in ein fremdes Land, dessen Sprache er nicht kennt. Und mißversteht die – naturgemäß immer gleiche – Antwort auf seine Fragen als Namen ein und desselben Mannes. Der Leser begreift das sehr rasch, nicht zuletzt weil Hebel ihm deutlich Hilfestellung gibt – nicht aufdringlich, sondern mit einem Augenzwinkern:

»Dies war nur ein holländisches Wort ...: Ich kann euch nicht verstehn.«

2.2 Was macht eine Geschichte spannend?

Grundsätzlich gibt es zwei Formen von Spannung: eine mehr körpernahe und eine mehr psychische. Erstere ist das, was in Erzählungen, Filmen und Theaterstücken üblicherweise unter *action* läuft. Es ist jene Art von Erzählen, die das Kind und den Jugendlichen in uns anspricht – und die deshalb von manchen Kritikern gern naserümpfend als *infantil* oder *pubertär* abqualifiziert wird. Diese Ästheten schätzen mehr die sublimen (und das sind zugleich die sehr sublimierten) Formen der Spannung und Unterhaltung, bei denen nicht so sehr der Körper in Wallung gerät, sondern der seelische Haushalt. Ich sehe das mehr als eine vertrackte Form von Körperfeindlichkeit, die zum Dünkel wird, wie man ihn speziell in Deutschland häufig findet. Leider findet man sie nicht nur bei exaltierten Kritikern, sondern auch bei den Autoren selber: Da wirft wohl einer dem anderen die Bälle zu, um nicht »aus dem Spiel zu fliegen«.

In den angloamerikanischen Ländern kennt man diese starre Trennung zwischen Unterhaltungs- und Trivial-Literatur ebensowenig wie die zwischen U[nterhaltsamer]- und E[rnster]-Musik. Diese Trennung ist schon deshalb unsinnig, weil bei aller Sublimierung unser Körper ja auch stets beteiligt ist und sein Recht fordert. Und das Kind oder den Jugendlichen, der wir einmal waren, haben wir auch stets bei uns, und zwar mit all seinen legitimen Bedürfnissen.

Seltsamerweise ereifern sich deutsche Autoren dennoch gern darüber, daß ihre angloamerikanischen Kollegen so viel höhere Auflagen haben – während nicht einmal hier sehr bekannte Autoren wie Günter Grass oder Heinrich Böll in den USA besonders gefragt sind. Der Grund ist der nämliche: Sie nehmen zu wenig Rücksicht auf spannende Unterhaltung und pflegen zu sehr ihre Verliebtheit in die Poesie und die Kapriolen der Sprache – bis hin zur Manieriertheit (die gern mit *eigenem Stil* verwechselt wird).

Es geht dabei gar nicht um ein Entweder-oder, sondern um das Sowohl-als-auch. Sowohl die Unterhaltsamkeit, die Spannung, der *thrill* sind wichtig – wie auch die sprachliche Originalität und ihre poetische Feinstruktur. Die ausgewogene Balance zwischen beiden ist es, die zählt! Und darin sind die Amerikaner und Briten Meister: im Herstellen eben dieser Balance. Solange deutsche Autoren das nicht lernen, werden sie nie eine Chance haben, mehr als Lokalmatadore im Dunstkreis der eigenen Sprache zu sein.

Und wie erzeugt Hebel die Spannung im Kannitverstan? Gewiß, es ist kein *thriller* im modernen Sinne. Um so mehr kann man hinter dem behäbigen Duktus seines Erzählens sehen, wie da einer kunstvoll den Spannungsbogen aufbaut. Viel ist dazu nicht nötig. Wohl jeder, der die Geschichte liest, hat sich schon einmal in einer fremden Stadt, gar im Ausland, in einer ähnlichen Situation befunden. Man ist der fremden Sprache nur wenig oder gar nicht mächtig. Und mißversteht vieles. Im Grunde läuft das Erzeugen der Spannung darauf hinaus, daß der Autor dem Leser bestimmte Informationen vorenthält. (Wer ist dieser Herr Kannitverstan?)

Goldene Regeln für den Erfolgsautor

Fritjof Haft, heute angesehener Strafrechtler an einer deutschen Universität, hat in den 60er Jahren unter einem Pseudonym Heftromane für die erfolgreiche Krimi-Reihe »Jerry Cotton« des Bastei-Verlags verfaßt. Aus dieser praktischen Erfahrung heraus schrieb er 1969 für die »Zeit« den Beitrag »Wie man flink eine Million Leser gewinnt«. Dieser vermittelt einige brauchbare Tips (s. folgende Doppelseite), die jeder Autor, nicht nur der von Kurzgeschichten, unbedingt kennen sollte; freilich nicht, um sie sklavisch abzuarbeiten, sondern um zu wissen, was in etwa zu seinem Handwerkszeug gehört.

Ernsthafte Literaten haben bislang für Jerry Cotton und seinesgleichen nichts außer Äußerungen des Abscheus übrig gehabt. Diese Haltung ist ungerecht und unproduktiv – ungerecht, weil auch Jerry Cotton auf seine schlichte Weise ein Stück Literatur verkörpert, und unproduktiv, weil doch dieser meistbeschäftigte FBI-Agent imstande ist, eine Frage zu beantworten, die jeden Schriftsteller brennend interessiert: »Wie gewinne ich eine Million Leser?«

Regel 1: Vernachlässige den Titel! Die meisten Autoren glauben, ein zugkräftiger Titel sei imstande, den Leser einzufangen. Eben weil dies so viele glauben, ist es falsch. Denn auf diese Weise entsteht eine Sturzflut von reißerischen Titeln, der potentielle Käufer schwankt von der »Detonation des Herzens« zu »Blut unter seidenen Schlüpfern«, und ehe er der »Rasenden Begierde« nachgehen kann, lenkt ihn »Heißes Feuer unter kalter Haut« schon wieder ab. Auf diese Weise ist beim Kunden nichts zu gewinnen. Wir müssen es also anders anpacken, und wir verschwenden auf den Titel nicht mehr Mühe, als das Hinschreiben dessen bereitet, was uns gerade einfällt, mag dies nun »Ich und der stille Mörder« oder »Das Mädchen mit den sanften Augen« sein.

Regel 2: Der Leser muß blättern. Der Augenblick, da er die ersten Zeilen Ihres Werkes liest, entscheidet über Kauf oder Nichtkauf. Entsprechend aussagekräftig muß der Anfang sein: »Meine Schritte hallten einsam über die nächtliche Brooklyn-Bridge. Da zerriß ein gellender Schrei die Stille. Mein Blut gerann zu Eiskörnchen. So schrie eine Frau in Todesangst. Ich fuhr herum …«
Die Experten sprechen hier von der Blitz- und Donnertheorie; sie besagt, daß ein dramatisches Geschehen von höchster Intensität und Dichte zum alleinigen Zwecke des Leserfanges an die Spitze gestellt wird.

Regel 3: Enttäusche den Leser nicht! Beachten Sie diese Regel sorgfältig. Die meisten Autoren zerbrechen über der Aufgabe, mehr zu leisten als das, wozu sie imstande sind. Alles, was der durchschnittliche Leser will, ist, nicht enttäuscht zu werden. Dazu darf man nicht von den Maßstäben einer hochgezüchteten Literaturkritik ausgehen, sondern man muß schlicht fragen: Was wünscht der durchschnittliche Leser? ... Sie brauchen nur die folgenden Regeln genau zu beachten. Sie entstammen ausnahmslos der Praxis und haben sich als überaus wirksam erwiesen.

Regel 4: Bringe Gespräche, wie sie das Leben schreibt! Das Leben verbirgt oftmals seinen tiefen Sinn hinter scheinbaren Banalitäten.

Regel 5: Treibe die Handlung voran! Wir leben in einem Zeitalter, das auf aktives, dynamisches Tun ausgerichtet ist. Dem sollte ein heutiger Erfolgsschriftsteller Rechnung tragen. Er muß also dafür sorgen, daß etwas passiert und der Leser ständig neuen Ereignissen entgegenfiebert. Dies zu erreichen ist nicht schwer. Es gibt ein hundertprozentig wirksames Rezept dafür... Es lautet:

Regel 5a: Strapaziere den Zufall! Der Zufall läßt Sie nie im Stich. Durch ihn sind Sie Herr der Dinge.

Regel 5b: Sorge für Überraschungen! Immer muß es anders kommen, als der Leser denkt, und zwar nicht erst zum Schluß, sondern laufend ... eine Wunderkerze mit vielen prasselnden Explosionen ...

(Fritjof Haft)

Perspektiven-Wechsel steigert die Spannung

Der Wechsel der Perspektive ist ein wesentliches Element zur Steigerung von Spannung. Es gibt hierzu verschiedene Möglichkeiten. Man kann zwei oder mehr parallele Handlungsstränge entwickeln und jeweils am Höhepunkt überspringen auf den nächsten Strang. Allerdings darf man sich nicht zu weit vom Hauptstrang entfernen. Sonst verliert der Leser buchstäblich den *Faden*. Johannes Mario Simmel setzt diese – der Schnitt-Technik beim Film verwandte – Methode sehr gezielt ein. Es ist eine der ersten Schreibtechniken, die Autoren von Heftromanen lernen.

Man kann auch den Schauplatz wechseln oder die handelnde Person oder das Thema. Deshalb läßt Hebel seinen Handwerksburschen vom Stadtinneren zum Hafen und schließlich zum Leichenbegängnis wandeln.

Nahaufnahme

Gleich zu Beginn seines Kannitverstan sagt uns Hebel, wo sich das Ganze abspielt:

> Der Mensch hat wohl täglich Gelegenheit, in Emmendingen und Gundelfingen so gut als in Amsterdam, Betrachtungen über den Unbestand aller irdischen Dinge anzustellen ...

Im übernächsten Satz wird mit kräftigen Pinselstrichen Lokalkolorit hinzugetupft:

> ... diese große und reiche Handelsstadt voll prächtiger Häuser, wogender Schiffe und geschäftiger Menschen...

Und noch einen Satz weiter wird der Schauplatz detailfreudig richtig ausgemalt:

... fiel ihm sogleich ein großes und schönes Haus in die Augen, wie er auf seiner ganzen Wanderschaft von Tuttlingen bis nach Amsterdam noch keines erlebt hatte. Lange betrachtete er mit Verwunderung dies kostbare Gebäude, die sechs Kamine auf dem Dach, die schönen Gesimse und die hohen Fenster, größer als an des Vaters Haus daheim die Tür.

Mit letzterem Vergleich wird noch einmal kurz ins Heimatmilieu rückgeblendet. Aber der eigentliche Schauplatz der Geschichte, eben das weltstädtische reiche Amsterdam, steht bereits vor unseren Augen. Noch ein drittes Mal engt Hebel den Blickwinkel ein, geht er von der makroskopischen Totalen zur mikroskopischen Nahaufnahme, indem er eines der erwähnten »hohen Fenster« noch detaillierter beschreibt. Der wandernde Handwerksbursche wendet sich an einen Passanten und fragt ihn (hierdurch übernimmt der Autor den Lokalkolorit auch noch auf raffinierte Weise in einen kurzen Dialog – s. auch S. 42:

> »Guter Freund ... könnt Ihr mir nicht sagen, wie der Herr heißt, dem dieses wunderschöne Haus gehört mit den Fenstern voll Tulipanen, Sternenblumen und Levkojen?«

Zeitkolorit, dies nur am Rande, wäre hier zu finden in den »sechs Kaminen auf dem Dach« und den »schönen Gesimsen« – die man heutzutage ja kaum mehr kennt, geschweige denn noch baut. Weiteren Lokalkolorit liefert der Autor in einer Szene am Hafen und in einer weiteren Straßenszene:

> Gaß aus, Gaß ein kam er endlich an den Meerbusen, der da heißt: Het Ei, oder auf deutsch: das Ypsilon. Da stand nun Schiff an Schiff und Mastbaum an Mastbaum, und er wußte anfänglich nicht, wie er es mit seinen zwei einzigen Augen durchfechten werde, alle diese Merkwürdigkeiten zu betrachten, bis (wieder folgt der Totalen die Nahaufnahme:) endlich ein großes Schiff seine Aufmerksamkeit an sich zog, das vor kurzem aus Ostindien angelangt war und jetzt ausgeladen wurde.

(Und wieder die noch engere Nahaufnahme:)

> Schon standen ganze Reihen von Kisten und Ballen
> auf- und nebeneinander am Lande. Noch immer wurden
> mehrere herausgewälzt, und Fässer voll Zucker und Kaf-
> fee, voll Reis und Pfeffer und salveni Mausdreck darunter.

Mit dem Quentchen »Mausdreck« lebt das Bild nun vollends,
hat es humoristische Würze und einen Contra-Punkt im ansonsten doch recht ernsten Duktus der Erzählung gefunden.
Richtig schwarzernst wird es in der dritten großen Szene (groß
in bezug auf den darin mitgeteilten Inhalt – zeilenmäßig spar-
sam wie die anderen Szenen auch):

> ... kam er um eine Ecke und erblickte einen großen Lei-
> chenzug. Vier schwarz vermummte Pferde zogen einen
> ebenfalls schwarz überzogenen Leichenwagen langsam
> und traurig, als ob sie wüßten, daß sie einen Toten in seine
> Ruhe führten. Ein langer Zug von Freunden und Bekann-
> ten des Verstorbenen folgte nach, Paar um Paar, verhüllt in
> schwarze Mäntel und stumm. In der Ferne läutete ein ein-
> sames Glöcklein.

Ganz zum Schluß, im allerletzten Satz, geht Hebel, den Leser
an der Hand, gewissermaßen aus der Nahaufnahme wieder in
die Totale des Anfangs:

> ... dachte er nur an den Herrn Kannitverstan in Amster-
> dam, an sein großes Haus, an sein reiches Schiff und an
> sein enges Grab.

Wir wissen es am Ende der Geschichte (und das ist zugleich ihre
moralische *message* und ihre Pointe): Egal ob im weltstädti-
schen reichen Amsterdam oder in der ärmeren kleinstädtischen
und kleinbürgerlichen Enge von Tuttlingen – »das enge Grab«
macht alle Leute gleich, ist letzter Schauplatz für jeden
Menschen, der nicht mehr näher beschrieben werden muß. Die
Geschichte hört also, nach einer Art Kreisbewegung, sinn-

gemäß so auf, wie sie ursprünglich angefangen hat: im ganz All-
gemeinen:

Der Mensch hat wohl täglich Gelegenheit …

Viele Menschen haben eine Scheu, über ihren eigenen Arbeitsplatz mit seinem speziellen Lokalkolorit und über berufliche
Situationen zu schreiben. Das ist schade, denn dort kennt man
sich aus und kann interessante Details einbeziehen, was jeder
Story gut bekommt. Ihnen selbst ist dieses Milieu vertraut – oft
allzuvertraut. Vielleicht meinen sie auch, daß es Fremde nicht
interessieren könnte, was sie so tagsüber in der Arbeit treiben.
Dabei ist nichts verkehrter als das. Fremde Arbeitsplätze interessieren uns schon deshalb, weil sie irgendwie exotisch sind.
Das Exotische aber weckt immer unsere Aufmerksamkeit. Und
selbst vertraute Arbeitsplätze erregen unsere Neugier: weil wir
gern wissen möchten, wie der andere sie erlebt.
Es gibt allerdings ein grundsätzliches Problem, wenn man eine
Story in einem solchen vertrauten Milieu ansiedelt: Gerade der
für einen selbst hohe Bekanntheitsgrad macht es schwer, die
nötige Distanz zum Schauplatz zu erreichen, die man braucht,
um wirklich interessant beschreiben und vor allem spannend
und unterhaltsam erzählen zu können. Eine rühmliche Ausnah-
me aus jüngster Zeit ist der Ex-Jockey Dick Francis. Er hat sich
mit Thrillern aus dem Rennbahnmilieu einen Namen gemacht,
die ihren Charme und exotischen Reiz nicht zuletzt aus der
Authentizität der berufstypischen Schauplätze, Charaktere und
Konflikte gewinnen.

Contra-Punkt

In der Musik spielt ein Element eine hervorragende Rolle, das
man als *Contra-Punkt* bezeichnet. Das kann ein überraschender
Dur-Akkord in einer Moll-Melodie sein; oder ein Paukenschlag,
der ein ansonsten eher leises Stück zerreißt. Oder Momente
von Stille in einer aufgeregt daherlärmenden Symphonie.

Der Contra-Punkt einer Geschichte ist so etwas wie der Dreh-punkt, an dem eine Geschichte plötzlich in andere Bedeu-tung(en) umkippt. Ein bis dahin verborgenes Thema kann aus dem Hintergrund aufscheinen und eine völlig neue Perspektive aufreißen. Beispiele:

In einer ansonsten eher tristen Geschichte erzählt jemand einen Witz, und plötzlich scheint in all der Tragik die völlig andere Möglichkeit des Heiteren auf. Der Witz muß allerdings passend sein – und gut erzählt! Steven Spielberg versteht es meisterhaft, die bedrohlich-unheimliche Atmosphäre seiner Saurier-Story »Jurassic Parc« immer wieder durch heitere Szenen auf-zulockern, bei denen die Protagonisten (und der Zuschauer) sich ein wenig erholen können. Der nächste *Hammerschlag* wirkt dadurch umso intensiver. Und umgekehrt: Einer heiteren Story tut es gut, wenn der eine oder andere *schwarze Tupfer* ei-nen Akzent setzt, der sie davor bewahrt, ins Läppische abzuglei-ten.

Oder: Ein eher an der Oberfläche agierendes Abenteuer, das durch den Tod einer Nebenfigur unterbrochen wird, deutet auch für den eigentlichen Helden diese Möglichkeit an und kann ihm so einen Abglanz von Tiefe verleihen, die sonst fehlen würde. Sicher kein Nachteil für eine Geschichte. Hebel bringt den Contra-Punkt da ins Spiel, wo alles ins Komische abzuglei-ten droht. Da konfrontiert er uns mit einem Leichenzug.

Der Dialog

Der Dialog hat in einer Erzählung sehr verschiedene Auf-gaben. Eine seiner wesentlichen Funktionen ist es, die Personen einer Story miteinander zu vernetzen. Außer-dem kann er noch folgendes bewirken:

1. Dialog lockert auf, bringt Abwechslung, belebt den Text.
2. Im Dialog lassen sich Informationen im Wechsel von Frage-und-Antwort rasch und komprimiert vermitteln. (Man sollte den Dialogpartner entsprechend wählen: ein unwissendes, neugieriges Kind, Dr. Watson als Gesprächs-

partner für Sherlock Holmes.) Dies ist besonders in der Science-fiction wichtig, wo komplexe, unbekannte Welt-Szenarien mit entsprechendem Lokal- und Zeitkolorit vermittelt werden müssen.

3. Im Dialog können die Gesprächspartner durch ihre Art zu reden deutlicher sichtbar bzw. hörbar werden: durch besondere Redeweisen; Primitivform: Chinesen, die kein »r« sprechen können.; schon eleganter: Berufsjargon, Anglizismen, eigentümliche Redewendungen, Teenager-Slang, flapsiger Stil, umständliche Formulierungen oder besonders zackiger Stakkato-Stil. Wie reden Männer, wie reden Frauen, wie reden Angehörige verschiedener Berufe? Ausländer? Angehörige verschiedener Schichten? Besonders gewählt bis gestelzt, besonders simpel bis hin zur Einsilbigkeit: Der Schweiger. Wie redet ein Gelähmter, ein Blinder?

4. Dialog treibt die Handlung voran. Man kann sogar in einem Roman ganze Hörspiel- bzw. dramatische Sequenzen einbauen, wo es dramaturgisch paßt.

5. Verschiedene Dialogformen sind möglich: Zwischen Menschen, zwischen Mensch und Tier in einseitiger Form, auch mit unbelebten Objekten (der »Kontrabaß« ist ein dramatischer Dialog zwischen dem frustrierten Bassisten und seinem Instrument). Man kann sich direkt an den Leser wenden. Innerer Dialog ist ebenfalls möglich.

6. Eine Spezialform ist der Briefwechsel (Briefroman als eigene literarische Form). Brief um Brief ergibt sich hier ebenfalls eine Art schriftlicher Dialog.

7. Ähnliche Funktionen hat der direkte (laute, äußere) Monolog sowie der Innere Monolog. Sigmund Freud hat sich zum Beispiel in seinen Vorlesungen immer wieder an bestimmte Zuhörer gewandt, hat sie zwar nicht direkt angesprochen, aber praktisch in Rede und Gegenrede sein Thema entwickelt.

2.3 Im Mittelpunkt: der Mensch

Johann Peter Hebel sagt uns nicht viel über die beiden Figuren seines Kannitverstan. Der eine ist ein etwas töricht agierender Handwerksbursche. Der andere (wie es zunächst scheint) ein mit allen Gütern der Erde gesegneter reicher Mann, von dem wir nur den Namen erfahren (Herr Kannitverstan) und wie er lebt; bis sich am Ende alles, was ihn betrifft, als Mißverständnis erweist – wenn auch nur für den Leser.

Der weltbekannte britische Dramaturg und Theatertheoretiker Peter Brook («Der leere Raum») machte 1993 in einem Interview folgende Aussage, die auch im Hinblick auf die Personenbeschreibung als Element der Kurzgeschichte interessant ist:

> Meine Erfahrungen [mit dem Theater] haben mich gelehrt, daß das stärkste, das reichste Instrument der Mensch ist. Er ist das wahre Instrument. Was drum herum ist [...] ist nebensächlich. Wenn man im Theater alles benutzt, die ganze Technik, wenn man alles sieht, dann ist man an der Grenze zur Banalität, sehr schnell übrigens. Die Konzentration auf das Individuum ist nicht eine Frage des Stils, sondern das Ergebnis von Erfahrung: Entscheidend ist nur das Individuum auf der Bühne...
>
> Musik, Kostüme, Dekor, Licht gehört an seinen Platz, meinetwegen auch an einen sehr auffallenden – aber trotzdem sind diese Dinge alle sekundär, verglichen mit dem Menschen.

Was Brook hier für die Schauspieler als die Repräsentanten der Gestalten eines Theaterstücks feststellt, das möchte ich auch für die Kurzgeschichte behaupten: Schauplätze, Zeitkolorit, Titel und all die anderen Elemente einer Story sind wichtig und bedürfen der besonderen Aufmerksamkeit des Autors. Aber worauf es wirklich ankommt, das sind die Personen und ihr Schicksal. Die Schauspieler und die von ihnen dargestellten Figuren eines Stücks füllen den (zunächst) leeren Raum der Bühne, und deshalb kommt ihnen die wichtigste Aufgabe zu. Heribert

Hove schrieb einmal im Rahmen der Kritik eines utopischen Romans im Feuilleton der *Süddeutschen Zeitung*: »So grob sind die Personen zurechtgeschnitzt, daß sich kaum jemand wiedererkennen und das Menetekel dergestalt ohne Wirkung bleiben wird.« Aber wie soll man das machen – eine Person gewissermaßen *fein zurechtschnitzen*?

Im Kasten habe ich einige Möglichkeiten zusammengestellt, die für eine Personenbeschreibung relevant sein können. Je nach Länge der Erzählung werden nur einige oder viele der folgenden Details von Bedeutung sein. Von jedem Detail her kann man eine Story anfangen beziehungsweise die Handlung darum aufbauen. Auch bei erfundenen Personen (Kunstfigur) empfiehlt es sich, ein Vorbild vor Augen zu haben; die eigene Person oder Teilaspekte davon spielen wohl immer mit herein. Man muß dies keinesfalls alles in eine einzige Story hineinpacken; das wäre allenfalls in einem Roman sinnvoll. Aber es ist kein Schaden, wenn man sich dieser vielen möglichen Details bewußt ist.

Personen-Beschreibung: eine Checkliste

Insgesamt lassen sich über dreißig Aspekte der Beschreibung einer Person unterscheiden. Hier seien nur die allerwichtigsten (in meinen Augen) vorgestellt. Auch wenn solche Details in der Erzählung selber direkt keine Rolle spielen, so helfen sie einem doch, sich beim Schreiben ein klareres Bild von dieser Figur zu machen; sie wird dadurch glaubwürdiger, authentischer.

Vor allem sollte man stets sinnlich schreiben (Wie riecht jemand? Wie spricht er? Welche Farben bevorzugt die Figur? Welche mag sie nicht? Ist sie mehr kälte- oder hitzeempfindlich? Schmerzen: Wie reagiert dieser Mensch beim Zahnarzt?)

1. Handelt es sich um eine real existierende Person – oder um eine Kunstfigur? Für fertige Geschichten macht das

keinen großen Unterschied, aber für den Vorgang des Schreibens, weil eine Kunstfigur Anteilen der eigenen Person näherstehen wird.

2. Was ist das hervorstechendste Merkmal? Wie sieht das Gesicht aus? Wie der Körper? Gangart, Mimik, Gesten (Marotten dabei), Geschlecht, Hautfarbe; Alter (wann geboren? wo?)

3. Familiensituation (ledig? verheiratet? Kinder? getrennt? geschieden? Herkunftsfamilie: Eltern, Geschwister, Vorfahren …)

4. Beruf (Details! Beschreibung des Arbeitsplatzes …)

5. Wo lebt diese Person jetzt? (Großstadt, Kleinstadt …)

6. Spezielle Eigenschaften (Vorlieben, Abneigungen, Ängste, Stärken, Schwächen, Hoffnungen, Sehnsüchte, Marotten, Zwänge)

7. Moralische, ethische Maximen? (werden sie gelebt – oder nur gepredigt?)

8. Schlüsselerlebnisse in der Biographie, Schicksalsschläge, unerledigte Geschäfte (Verdrängtes, Vergessenes), dunkle Punkte in der Vergangenheit? Gibt es ein Geheimnis im Leben dieser Person (welches diese auf keinen Fall enthüllt haben möchte)?

9. Und das wichtigste Element: Wie werden Konflikte bewältigt (oder vermieden)?

Anekdoten – eine spezielle Variante

Anekdoten und Witze sind meistens Geschichten aus zweiter Hand, seltener selbst Erlebtes. Es handelt sich also um bereits vorgestaltete Stoffe. Vor allem wird Unwichtiges weggelassen, wird das Wesentliche herauspräpariert. Daraus kann man als Autor viel lernen.

Eine Anekdote hat zum Thema in der Regel eine amüsante oder skurrile Episode aus dem Leben eines Prominenten (oder eines Familienmitglieds, Verwandten, Freundes). Jede Schüler-zeitung bettelt ihre Zulieferer unaufhörlich an um solche Mini-Porträts von Schülern oder Lehrern. In einer Familien-Chronik machen sie sich ebenfalls gut: Durch einige Anekdoten be-kommt die ansonsten eher trockene Aufreihung von Ereignis-sen mehr Würze. Sie zeigen uns diese Personen von ihrer »menschlich allzumenschlichen« Seite; mit einer Marotte, ei-nem Tick, einer Schwäche – oder einer Stärke.

Die Anekdote charakterisiert einen Menschen durch eine Aktion. Damit wird sie zur dritten der vier möglichen Dimensionen einer Personenbeschreibung: 1. Skizzierung der äußeren Erscheinung. 2. Beschreibung ihres Inneren. 3. Soziokulturelles Verhalten (das, was sich in den Anekdoten so treffend und verzerrt zugleich widerspiegelt). 4. Spirituelle Werte (Religion, Vorstellungen über die *Letzten Dinge*).

Allgemein gilt: Die Personen einer Story müssen sich ebenso entwickeln wie die Handlung. Der Held verliert vielleicht an phy-sischer Stärke – gewinnt dafür aber Charisma als Führergestalt.

Die Anekdote ist fast schon eine Mikro-Story; sie illustriert die Biographien berühmter Leute und soll in Momentaufnahmen deren Charakter durch typische oder besonders auffällige Ver-haltensweisen erhellen. Es gibt ganze Anthologien, die nur »Anekdoten der Weltgeschichte« enthalten. Ich will hier nicht auf eine solche Berühmtheit rekurrieren, sondern eine Story über meinen eigenen Urgroßvater erzählen:

Der *Alte Kropf*, wie er respektvoll genannt wurde, genoß als wohlhabender Unternehmer einige Privilegien. Er mußte öfter mit der Eisenbahn ins benachbarte Hof fahren. Da er ein sehr beleibter Mann und schon recht kurzatmig war, andererseits dem amerikanischen Slogan »Time is money« gehuldigt hat, spielte sich der Gang zum Bahnhof folgendermaßen ab:

Sobald das Pfeifen der Lokomotive zu vernehmen war, das ankündigte, daß der Zug sich dem Bahnhof näherte, rief mein Urgroßvater: »Reicht mir mein Fahrtenbüchlein« (in dieses wurde jede Fahrt vom Conducteur für die monatliche Abrech-nung eingetragen), schlüpfte in den ihm hingehaltenen Mantel mit dem kostbaren Pelzbesatz, drückte sich den Hut aufs Haupt und machte sich auf den beschwerlichen Weg der rund hundert Meter zum Bahnhof. Das dauerte natürlich eine Weile. Aber der *Alte Kropf* kam nie zu spät: Es war selbstverständlich, daß der Zug auf ihn wartete. Der Conducteur schob ihn in das Coupé Erster Klasse – und dann erst ging die Fahrt los.

Als ich selbst viele Jahre später auf dieser Strecke zur Schule fuhr, hatte ich ein ähnliches Problem. Ich mußte schon frühmorgens zum Zug. Es war hart, um 6.00 Uhr aufzustehen; deshalb war ich oft sehr spät daran und bin diese selbe Strecke (wir wohnten im Haus des Urgroßvaters) zum Bahnhof hochgerannt. Aber auf den Urenkel vom *Alten Kropf* hätte kein Zug gewartet...

Noch drastischer als die Anekdote verkürzt der Witz die Story, die er erzählt, auf das Wesentliche. Ein Beispiel: Es ist bekannt, daß Papier und Druckerschwärze großen Durst erzeugen*, und Journalisten machen kein Hehl daraus, daß sie diesen Durst gern mit Alkoholischem löschen, am liebsten in gemütlicher Umgebung. Wen wundert daher, daß dies ein beliebter Insider-Witz der Schreiber ist:

»Geht ein Journalist an einer Kneipe vorbei...«

Dieser Witz erzählt eine komplette Geschichte in seinem einzigen Satz und enthält alle wesentlichen Elemente (mehr hierzu im vierten Kapitel): Eine Person (den Journalisten, dem man das Laster seiner Branche unterstellt), einen Schauplatz (die Kneipe bzw. der Platz davor) und einen Konflikt (*Einkehren und trinken* contra *Weitergehen*).

Kleiner Exkurs über die Namen von Figuren

Die Namen der Figuren in einer Geschichte spielen eine ganz wesentliche Rolle. Uns geht es doch selbst so. Es gibt wohl kein

---

* Hinter diesem »großen Durst« stecken oft (oder immer?) Schreib- und Kreativitätsblockaden, die mit Alkohol aufgelockert werden sollen – was allerdings nur im Anfangsstadium gelingt.

Wort, das wir im Laufe unseres Lebens häufiger hören (noch dazu in vielen stimmlichen Nuancen) als unseren Vornamen; gleich an zweiter Stelle folgt der Familienname. Es macht einen gewaltigen Unterschied, ob jemand »Adrian Leverkühn« heißt oder »Tarzan« oder »Klaus Mager-Milch«. Schon die Wahl des Namens kann eine Atmosphäre des Heiteren, Tragischen oder Skurrilen schaffen.

Wer mit Computer und Textprogramm arbeitet, kann ein ganz einfaches Experiment machen. Man nehme eine Story und ändere mehrmals mittels der Funktion »Suchen und Ersetzen« den Vornamen und den Familiennamen, zum Beispiel so:

Was für Szenen und Geschichten fallen Ihnen ein, wenn Sie sich eine »Frau Gerda Zeitler«, den »Herrn Dipl. Ing. Theodor Zeitler« und deren gemeinsamen Sohn »Maximilian Zeitler« vorstellen? Schon »Max Zeitler« klingt anders. Und wie ist das, wenn die Dame des Hauses »Thusnelda Zeiter« heißt, der Mann »Rufus Zeiter« und die beiden zwei Töchter haben (Zwillinge, womöglich) mit Namen »Carmen« und »Dunja«? Ersetzen Sie *Zeitler* beziehungsweise *Zeiter* durch den Familiennamen *Wolf* oder *Wolfsohn* – oder durch *Fuchs*, garantiert wird es wieder eine andere Story! Namen haben eine Art magischer (jedenfalls starker psychischer) Kraft. Dazu kommen als Einfärbung noch der Beruf und andere Details hinzu.

Darth Vader, der sinistre Oberschurke in dem Zukunfts-Epos »Krieg der Sterne«, trägt einen Vornamen, der auf mehrfache Weise ein dramaturgisches Konzept seines Erfinders George Lukas enthält: In dem Kunstwort *Darth* sind die beiden englischen Begriffe »to dare« (wagen) und »death« (Tod) zu einem neuen Wort verschmolzen, das deutlich noch die Signatur beider Ursprungsbegriffe in sich trägt und seine Wirkung sicher nicht zuletzt deshalb entfaltet (von der finsteren Stimme des Synchron-Sprechers einmal abgesehen), weil man doch nicht so genau weiß, was dahintersteckt.

Der Familienname *Vader* ist im Wortsinne zu verstehen: Darth Vader entpuppt sich nämlich im zweiten Teil der »Star Wars«-Trilogie (»Das Imperium schlägt zurück«) als Vater des Helden

Luke Skywalker. Im Deutschen wirkt das reichlich platt; aber erst, wenn man es weiß. Und die an *father* gewohnten englischsprachigen Zuschauer wußten wohl ohnehin kaum etwas von diesem Hintergrund »Vater – Vader (*Wäi-der* gesprochen)«.

Ein Name wie »Kannitverstan« ist viel einfacher konstruiert – und wohl gerade deshalb unschlagbar in seiner verblüffenden Wirkung.

Das Pseudonym ist nicht nur ein Versteck

Gelegentlich empfiehlt es sich, ein Pseudonym zu benützen. Es kann dazu dienen, einen bestimmten Aspekt der eigenen Person stärker zu akzentuieren. Stalin war ein *Nom de guerre* und hieß »Der Stählerne«.

»Erik van Lustbader« – das ist angeblich kein Pseudonym, sondern der echte Name eines amerikanischen Autors. Wer so heißt, braucht sich für erotische Fantasy-Abenteuer keinen besonderen Namen ausdenken. Aber wenn man »Erich Seltsam« heißt und Sachbücher schreibt, sollte man sich schon überlegen, ob dafür der eigene Name taugt; für einen Autor von Märchen oder Science-fiction ist er hingegen ideal.

Thomas Mann mußte kein Pseudonym benützen; so ein Name ist recht gut geeignet, den männlichen Aspekt zu akzentuieren (vorausgesetzt, man möchte dies tun). Aber die amerikanische Psychologin Alice Sheldon tat gut daran, sich für ihre utopischen Erzählungen »James Tiptree jr.« zu nennen, weil die SF-Szene immer noch eine Domäne der Männer ist. Ob dies die Höhe ihrer Auflagen tatsächlich beeinflußt hat, läßt sich schwer nachweisen. Vermutlich hat es der Autorin vor allem geholfen, die maskuline Weise der Science-fiction, die Welt zu betrachten und zu beschreiben, besser nachzuempfinden und zu erfassen.

Der »Herr B.« und der »Herr K.« schließlich lassen sich leicht entschlüsseln als Pseudonyme und zugleich Kunstfiguren von zwei der bekanntesten Autoren dieses Jahrhunderts: Bertold Brecht und Franz Kafka.

Ein kleines Experiment: Schreiben Sie eine Mini-Story zunächst unter Ihrem richtigen Namen. Nehmen Sie auch die Bearbeitung so vor. Dann suchen Sie sich einen Kunstnamen*, der besser zur Atmosphäre Ihrer Geschichte und zu Ihrer Hauptfigur paßt (nehmen wir an, daß dies vorher nicht so ganz der Fall war). Wenn Sie nun den Text nochmals aufmerksam redigieren, werden Sie mit hoher Wahrscheinlichkeit bestimmte Wörter und Nuancen, ja ganze Passagen verändern. Es kann sogar sein, daß Sie Anfang, Ende, Spannungsverlauf, Schauplätze und Figuren verändern oder austauschen und daß schließlich eine völlig andere Story entsteht.

In einem Namen steckt offenbar sehr viel mehr, als man sich üblicherweise vorstellt. Er ist tief in der eigenen Persönlichkeit verankert. Ändert man ihn, so ändert man auch manches andere. Das war der Grund, weshalb Mönche (in heutiger Zeit vergleichbar die Anhänger des Bhagwan Shree Rajneesh) einen neuen Namen verliehen bekamen, sobald sie sich endgültig für die Existenz in klösterlicher Gemeinschaft entschlossen hatten.

2.4. Der Schauplatz

Bei Johann Peter Hebel finden wir exzellente Beispiele, wie ein Autor mit wenigen Sätzen, ja Worten den Schauplatz einer Geschichte skizzieren und damit zugleich für Atmosphäre sorgen kann. Gleichzeitig erfährt der Leser auch etwas vom Geist der Zeit (also vom Zeitkolorit), weil ja Schauplätze keinen Ewigkeitswert haben, sondern sich zwangsläufig im Lauf der Jahrhunderte merklich verändern. Und da das Tempo des Wandels inzwischen drastisch zugenommen hat, ereignen sich tiefgreifende Veränderungen inzwischen sogar binnen Jahrzehnten:

---

* Wer Anregungen sucht oder einfach neugierig ist, was hinter bekannten und weniger bekannten Pseudonymen steckt, findet reichlich Material in zwei Lexika: Manfred Barthels »Lexikon der Pseudonyme« und Jörg Weigands »Pseudonyme«.

Man denke nur an den ungeheuren sozialen Wandel vom Kaiser-reich zur Weimarer Republik zur Hitler-Diktatur zur kapitali-stischen Demokratie der Bundesrepublik plus sozialistisch-proletarischer Diktatur nebenan in der DDR, und schließlich die neuerliche Verwandlung zur Wiedervereinigten Gesamtrepublik Neu-Deutschland. Dies alles, inklusive zweier ungeheuerlicher Weltkriege und gewaltiger globaler Völkerwanderungen in nicht einmal acht Jahrzehnten (wenn man den Ausbruch des Ersten Weltkriegs als Zäsur nimmt).

3. Anfang, Ende und was dazwischen liegt

Schon der erste Satz soll den Leser nicht nur locken, sondern verleiht ihm gleich das richtige Flair. »Der Türknopf öffnete ein blaues Auge ...« Nie werde ich diesen Anfangssatz eines Romans vergessen, dessen Held unter Halluzinationen leidet.
Nicht minder wichtig ist der Schluß, mit dem wir als Leser aus einer Geschichte entlassen werden.

Der Anfang

Erste Sätze gibt es wie Sand am Meer. Sie könnten sich die 500 von Harald Beck gesammelten *Romananfänge* vornehmen und statt eines langen Romanungetüms eine spritzige Short story aus diesem Anfang entwickeln: »Es war ein strahlend-kalter Apriltag, und die Uhren schlugen dreizehn.«* Statt dessen möchte ich Sie bitten, es mit dem folgenden Ersten Satz zu probieren, der da lautet:

»Gottfried haßte offene Türen...«

Wie könnte man diesen Satz weiterspinnen zu einer Erzählung? Soll Gottfried die »offene Tür« schließen? Soll er in Panik davonlaufen? Oder soll er gar in den Raum hineingehen, der da offensteht?
Was ist das überhaupt für eine Tür? Führt sie auf die Terrasse eines Schlosses in Südfrankreich, hoch über der Loire? Oder auf den Balkon eines von Einbrechern verwüsteten Einzimmer-Appartements im 123. Stockwerk eines New Yorker Wolkenkratzers, hoch über dem sturmgepeitschten und von wabern-

---

* So beginnt George Orwells Roman *1984*.

den Novembernebeln umflorten Hudson-River? Oder ist es ganz einfach nur die Tür zu einer Speisekammer, die leer ist? Und wer ist Gottfried? Oder *was* ist er …

Take your choice. Setzen Sie sich in Ihren Story-Development-Sessel (nicht ohne zuvor den Fernseher und den CD-Player abgestellt und den Computer in Halbschlaf versetzt zu haben). Schließen Sie Ihre Augen. Lassen Sie Ihre Einfälle kommen und gehen, wie *diese* wollen (nicht: wie Sie selbst es wollen).

Der Schluß der Geschichte

Schluß einer Geschichte – das will wohlüberlegt sein. Denn mit diesem letzten Satz geht der Leser aus dem Text heraus. Diesen Ab-Schluß merkt er sich vermutlich ebenso gut wie den Titel (und vielleicht noch den Anfang), besser jedenfalls als vieles andere von unserer Story.

Ganz schlecht ist es, am Ende einer unglaublichen Geschichte den Helden einfach aus einem Traum aufwachen zu lassen! Das ist Verrat an der Gutgläubigkeit des Lesers, denn wir haben ja zuvor alles darangesetzt, ihm unsere Personen und unsere Handlung glaubhaft (oder zumindest plausibel) zu machen. Und nun soll alles nur ein Traum gewesen sein? Da muß sich der Autor schon ein wenig mehr anstrengen. Denn Träume spielen zwar beim Geschichtenschreiben eine ganz wesentliche Rolle; aber die sieht anders aus als nur einen verbockten Schluß zu retten.

Gert Hofmann, der 1993 verstorbene Romanautor und Mitarbeiter der Zeitschrift *Titanic*, schrieb einmal sehr autobiographisch: »Natürlich … weiß jeder, daß kein Buch je fertig ist, daß sich ewig dran schreiben ließe. Daß der Moment, wenn (der Autor) den Schlußpunkt setzt, vollkommen willkürlich ist. Ein Buch ist ein Prozeß, der aus äußeren Gründen nach einer gewissen Zeit abgebrochen werden muß. Er denkt dann nicht: Ich bin fertig! Er denkt: Jetzt hab ich genug.«

Für einen Roman mag das vielleicht stimmen. Für eine Kurzgeschichte ganz sicher nicht. Da kann nämlich der Leser die

Strecke zwischen Anfang, Mitte und Schluß des Spannungs-
bogens leicht überblicken (und der Autor sollte es auf jeden
Fall). Da kann nicht gemogelt werden. Da gibt es auch nicht
die Ausrede des »Jetzt hab ich genug«. Obgleich viele miß-
lungene Stories genau diesen Eindruck erwecken: Der Autor
hatte genug von seinem Stoff, seinem Thema, seinem Plot.

Pointen – scharf oder mild ?

Das Ende einer Story kann Schock sein – oder sanfte Nachdenklichkeit. Die amerikanischen Kurzgeschichten enden oft
mit einer verblüffenden Pointe – einem Knalleffekt, einer völlig
überraschenden Wende des Geschehens, mit der der Leser nicht
gerechnet hat. Ich erinnere mich an eine SF-Story von Fredric
Brown, bei der mir am Schluß vor Überraschung buchstäblich
der Mund offenstand:
Die Geschichte spielte auf einem fernen unwirtlichen Planeten,
wo zwei verfeindete Rassen in einen fürchterlichen Krieg verwickelt sind. Man haßt sich und bringt sich gnadenlos um. Und
man fürchtet einander als Abgrund von Scheußlichkeit. In dieser knapp eine Druckseite langen Story erleben wir aus der Sicht
des Protagonisten (den man natürlich für einen Menschen wie
sich selbst hält), wie dieser einen der verhaßten Gegner genüß-
lich ins Visier seiner Strahlenwaffe nimmt und tötet. Dann geht
er zu der Leiche des Alien und betrachtet sie triumphierend
und voller Horror: Was waren das doch für scheußliche Lebewesen – mit nur zwei Beinen, zwei Armen und einem einzigen
Kopf!
Ein Lehrstück über Vorurteile, wenn auch recht drastisch ser-
viert. Ähnlich endet eine andere von Browns Mini-Stories, die
gern als »kürzeste Story der Welt« bezeichnet wird:
    Nach dem letzten atomaren Krieg war die Erde ein toter
    Planet; nichts wuchs mehr, kein Tier hatte überlebt. Der
    letzte Mensch saß allein in einem Zimmer. Da klopfte es
    an der Tür…
(Wer Lust hat, kann hier ja weiterschreiben …)

Die europäische Tradition ist vergleichsweise sanft. Einer wie Heinrich Böll begnügt sich nicht selten mit einem Schluß, der im Leser weniger einen heftigen Schock als milde Nachdenklichkeit erzeugt, der aber einen kleinen Stachel hinterläßt, der weiterwirkt. Das ist manchmal nur ein scheinbar absichtslos hingestellter Satz oder gar nur ein Wort wie das unglaubliche »Frieden« in Bölls berühmter Weihnachtsgeschichte.

3.1 Die Kunst der Verdichtung

Eine Frage, die sich ein Autor nicht oft genug stellen kann: Was macht einen Text *literarisch*?
Spontaner erster Einfall: Literarisch wird ein Text durch eine *poetische* Sprache. Aber was ist das? Zunächst sieht dies nach einer Tautologie aus, bei der ein Begriff den anderen erklären soll und im Grunde nichts aussagt. Aber ganz so einfach ist es nicht. Das Adjektiv literarisch ist ein Gattungsbegriff: Literarische Texte sind etwas anderes als nüchterne Sachtexte. Die Verwendung einer mehr literarischen (poetischen) Sprache erzeugt *Atmosphäre*. Das heißt, sie sorgt für Meta-Informationen, die über das hinausgehen, was der Kopf beim Schreiben und Lesen eines Sachtextes verarbeitet. Es handelt sich also um eher vage Informationen. Es geht darum, die tieferen seelischen Schichten zu aktivieren – und nicht nur den *Neuhirn-Computer*.
Zur Qualität des Literarischen gehört auch das Geheimnisvolle. Das nicht Ausgesprochene, sondern nur Angedeutete. Also das Unsagbare. Tod und Traum sind letztendlich *unsäglich, weil über sie nichts Endgültiges gesagt werden kann*. Was aber könnte *literarischer* sein als der Traum und der Tod? Der Traum ist die poetische Verdichtung des Tages. Und was ist träumerischer als der Tod? Traum und Tod – sie machen aus Texten Literatur.
Der Tod verbindet Himmel und Erde. Er tanzt auf dem Seil zwischen den Welten. Der Vogel Garuda ist sein Bruder.

Element: Sprache

»In dieses Tages langen Schatten lag tiefes Leid verborgen.« Könnte so ein Krimi anfangen? Wohl eher nicht. Poetische Sprache erwarten wir woanders. Dabei könnte es sich um denselben Sachverhalt handeln: einen Mord. Jemand hat einen anderen Menschen aufgrund tragischer Verstrickung umgebracht; vielleicht eine Frau den wieder einmal gewalttätig gewordenen Trinker-Ehemann.

> »Stefanie Lenner hatte gerade ihren Mann mit der Axt erschlagen, die er kurz zuvor für die Arbeit im Garten geschärft hatte. Nun starrte sie in die untergehende Sonne, draußen vor dem Fenster der blutbespritzten Küche ...«

So könnte das bei Simenon stehen. Für exakt denselben Vorgang. *Poetisch*, das heißt auch: Beziehung herstellen zwischen allen Elementen einer Geschichte. Die Sprache ist also etwas wie ein Meta-Element – das Element par excellence gewissermaßen. Sprache ist die Höchstform von Kommunikation. Die Sprache vernetzt den Leser, die Leserin:

– mit dem Autor,
– mit der Gesellschaft, in der er/sie lebt,
– mit allem, was je gesprochen wurde innerhalb der gesamten Menschheit.

»Ob man Kommunist ist oder Katholik oder beides, was ja möglich ist, oder liberal, demokratisch, sozialdemokratisch, ist eigentlich nebensächlich. Wichtig ist die Sprache und ob man das, was man ausdrücken will, ausdrücken kann.« (Heinrich Böll)

Metaphern und Symbole

»Die Metaphern sind eines von dem vielen, was mich am Schreiben verzweifeln läßt.« Diese Klage Franz Kafkas ist schwer zu verstehen, denn er war ein großer Meister im Schaffen neuer Metaphern. »Prozeß« – dieses Wort, das seinem bekanntesten Werk sogar den Titel gegeben hat, ist ja nicht nur ein Symbol, wie man meinen könnte – es ist vielmehr eine vielschichtige Metapher für modernes Leben. An dieser Stelle erscheint es mir sinnvoll, den Unterschied zwischen diesen beiden – oft synonym verwendeten – Begriffen Symbol und Metapher zu klären.

Symbol (von gr. *sym bolon* = Zeichen, Kennzeichen, eigentlich »Zusammengefügtes«) meint ein Sinnbild oder wahrnehmbares Zeichen, das stellvertretend ist für etwas nicht unmittelbar sinnlich zu Erfassendes. Wenn im Griechenland des Altertums zwei Freunde sich für längere Zeit trennten, war es Brauch, als Zeichen der Freundschaft ein beschriftetes Tontäfelchen, eine Münze oder einen Ring zu zerbrechen. Traf man sich, unter Umständen äußerlich vom Leben gezeichnet und verändert, nach Jahren wieder (oder schickte einer der beiden gar nur einen Stellvertreter oder Boten), so fügte man die beiden Teile wieder zusammen und konnte die Freundschaft bestätigen. Aus dem Gegenstand, der die Freundschaft besiegelte, wurde das *symbolon* für Freundschaft. Auch der »Ring des Nibelungen« ist nicht einfach nur ein Schmuckstück, das der zauberkundige Zwerg Alberich aus dem geraubten Rheingold geschmiedet hat; Richard Wagner hat den Ring zum Symbol erhöht – zu einem Symbol nun allerdings nicht mehr der Freundschaft, sondern der Macht.

Was ist hingegen eine *Metapher*? Das Wort wird ebenfalls aus dem Griechischen abgeleitet, von »*meta phorá*«, das heißt »Herantragen« oder »Übertragung«. Genaugenommen ist eine Metapher ein verkürzter bildhafter Vergleich. Aristoteles bezeichnet die Metapher als »das Herantragen eines anderen Namens« an ein Geschehen, das damit künstlerisch überhöht wird.

So wird aus einer bloßen *Folge von Gedanken* der *Flug der Gedanken* und daraus, durch nochmalige Verkürzung, der *Gedankenflug*. Durch diesen bildhaften Vergleich (genau dies ist die sinngemäße Übersetzung für Metapher) wird die Phantasie angeregt. Man kann sich das Gewimmel eines Vogelschwarms vorstellen, dem ähnlich die Gedanken frei im Raum sich entfalten. »Na, wie geht es dir, altes Haus?« fragt man sich schon einmal unter Freunden. Das Haus ist ein vielfach verwendetes Symbol für die Persönlichkeit und nicht zuletzt von der Traumsprache* vielen vertraut. Das »alte Haus« hingegen ist eine Metapher, und zwar meint es in etwa: »Du mir seit langem vertraute Person bist (auch) älter geworden und mir vertrauter«, eben wie ein Haus. Wir sagen also, wie beim Gedankenflug, nicht umständlich vergleichend »Altvertraut bist du mir, wie ein Haus«, sondern wir verkürzen den Ausdruck zu »altes Haus«.

Literatur ohne Symbole oder Metaphern ist unvorstellbar. Das gilt selbstverständlich auch für Kurzgeschichten. Allerdings gibt es da auch Moden und Trends, denn mit dem Zeitgeist ändern sich die Stile. In den Perioden der Romantik, des Symbolismus und des Surrealismus überluden die Dichter und Erzähler ihre Schöpfungen geradezu mit Sinnbildern. Die mehr zur Nüchternheit neigenden Realisten mieden das bunte Bild. Oder kann man sich die Short stories eines O'Henry oder die Kriminalerzählungen eines Dashiell Hammett anders als mit cool distanzierter Sprache vorstellen, die sich bemüht, die Dinge so zu beschreiben, wie sie sind (oder zumindest dem Betrachter erscheinen)?

Falsch! Wer schreibt, schreibt immer in Symbolen und Metaphern! Er, sie kann gar nicht anders. Der *Malteser Falke* ist nicht nur Romantitel des wohl berühmtesten Krimis von Hammett – er ist zugleich Symbol für die gesamte Erzählung. Der Falke ist ein uraltes Symbol (für Freiheit, für den Sonnengott Horus, für geflügelte Wildheit, für Exotik und dergleichen), und Hammett wußte sicher um diesen kulturellen Hintergrund. Und dann noch Malteser Falke, also »Falke aus Malta«, von jener fernen Insel im Mittelmeer...

Und wenn Franz Kafka in seiner Mini-Story »Vor dem Gesetz« einen *Türhüter* zur Hauptfigur macht, der jeden – scheinbar – kategorisch abweist, der durch das Tor zum Gesetz eintreten

---

* s. auch das Büchlein *Traumbild Haus* von Ruth Ammann.

möchte, so sind beides, Türhüter wie Gesetz, weit mehr als man hinter diesen bloßen Bezeichnungen zunächst vermutet: eben Symbole mit komplexer Vieldeutigkeit.

Die gesamte Geschichte jedoch ist noch mehr, ist Metapher für vergebliches Streben nach Art des Sisyphos: Dieser Mann, der sich da so vergeblich (wie er meint) bemüht, Einlaß beim Gesetz zu erhalten, erfährt am Ende, daß diese Tür niemanden anderen vor ihm abweisen konnte – weil sie nur für ihn bestimmt war!

Selbst wenn Kafka keinerlei Symbolik und Metaphorik im Sinn gehabt haben sollte (vielleicht skizzierte er da nur ein ganz banales Ereignis vom Vortag? Oder einen Traum?): in dem Augenblick, wo ein Fremder, der Leser, sich diesem Text nähert, regen diese Sinnbilder Gedächtnis und Phantasie an, und Symbol wie Metapher öffnen Fenster, Türen, Tore in ganze Universen von Bedeutung. Jeder kann sich das herausnehmen, was er hineinzulegen bereit ist. Der Dichter setzt gewissermaßen nur die Samen in den Acker; ernten muß man selbst (schon wieder Symbol? Metapher? ...)

Mehr Tiefe

Eine Kurzgeschichte gewinnt (wie jede Erzählung) nicht bloß durch einen bestimmten literarischen Stil, sondern vor allem durch ihre Mehrschichtigkeit. Diese erst erzeugt den Eindruck von Tiefe, ähnlich dem Kulissen-Effekt einer Landschaft durch die hintereinander gestaffelten Hügel- und Bergketten. Die Tiefe entsteht bei:

1. Personen (durch die biographischen Details: Lebensgeschichte);
2. Orten;
3. Zeiten;
4. Handlung(s-Stränge) sowie
5. durch die Vernetzung dieser verschiedenen Tiefenebenen mittels Symbolen.

Im Fortgang einer Erzählung sollten sich immer tiefere Schichten von Bedeutung erschließen – und damit auch von Sinngehalt. Die oberste Schicht (auch im Sinne von oberflächlich) ist die reine Handlungsebene im materiellen Außenraum: reine *action*, am deutlichsten dargestellt in den Comics: »Peng! peng!!«

Darunter befinden sich biologische Schichten, soziale und jede Menge psychologischer (das heißt Alters- und damit auch Lebenserfahrungs-)Schichten. Die tiefste Schicht ist die der Philosophie und vor allem der Religion. Irgendwo dazwischen: Fragen der Kreativität, der Kunst, Ästhetik.

Beispiele: Jemand tötet im Rausch aus rasender Eifersucht seinen Lebenspartner. Das kann man als rasantes Oberflächendrama à la »Othello« inszenieren, und man wird dadurch seine Zuschauer, seine Leser sicher fesseln können mit dem, was einfach so geschieht. *Action*! Aber bereits bei Shakespeare (und das macht ihn so *groß*) wird ein wenig erhellt, was psychologisch *hinter* dem Drama verborgen sein könnte. Motive werden genannt, sogar ein wenig interpretiert: Der *Mohr* ist in einer ansonsten rein weißhäutigen Umgebung schon wegen seiner dunklen Hautfarbe gefährdet durch Jagos intrigante Einflüsterungen; und als Aufsteiger in der Militärkaste ist er doppelt mißtrauisch, was er seiner geliebten Desdemona gegenüber nicht abstellen kann.

Auch bei George Simenon schätzen anspruchsvollere Leser, daß er seinen Kriminalgeschichten eine psychologische Dimension verleiht, welche die Spannung weg von der überwiegend hemdsärmligen Knallbummerei seiner meisten amerikanischen Kollegen auf eine mehr psychosoziale Ebene verlagern.

Noch einen weiteren Schritt in die Tiefe erreicht der Autor, der es fertigbringt, daß seine Leser sich mit ihren eigenen Problemen in den Figuren widergespiegelt sehen. Da kommen schon gewisse therapeutische Prozesse in Gang, denn da wird auf den Autor Ähnliches übertragen wie auf den Psychoanalytiker: Man fühlt sich verstanden und insofern auch ernst genommen und angenommen.

Wenn schon das Lesen so heilsame Wirkungen entfaltet – um wieviel intensiver wird dieser Prozeß der Selbsterfahrung und Selbsterkenntnis dann erst beim Erzählen, wenn man selber schreibend in die eigenen Tiefen und die anderer Menschen vordringt!

3.2 Atmosphäre einer Story

Im Film kommt die Atmosphäre sowohl vom Bild (Farben, Tagesstimmungen) wie vom Ton (speziell von der Musik, aber auch von Geräuschen, auch von ausgefallenen Stimmen). Dies muß in der geschriebenen Story durch Worte ersetzt werden.

- Das kann sehr einfach sein (»Es war später Abend«, »Um Mitternacht« ...);
- oder sehr aufwendig (»Vom Turm der nahen Michaelskirche schlug es zwölf Mal durch die wolkenverhangene Nacht. Es war ungewöhnlich schwül für April, ein Unwetter züngelte in der Ferne ...«).

Was kennzeichnet die bedrückende Atmosphäre in Kafkas *Strafkolonie*, in der *Verwandlung*, im *Schloß*, im *Prozeß*? Was in Edgar Allen Poes *Geschichten des Grauens*? Was macht Kurzgeschichten von Jo Hanns Rösler und Jo Lederer so *heiter*? Was gibt Johann Peter Hebels »Kannitverstan« seine Weltläufigkeit und Enge zugleich?

Wie das Wort schon deutlich sagt, hat die Atmosphäre einer Geschichte, einer bestimmten Szene viel mit der Luft und dem Wetter zu tun. Drückende Gewitterschwüle. Regen. Hitze. Kälte. Alles sehr sinnliche Eindrücke, vor allem Geräusche und Gerüche. Die *Atmosphäre* vernetzt gewissermaßen alle Elemente der Geschichte zu einem Ganzen. Das strahlt auf das ganze Geschehen aus und drückt eine (innere) Stimmung der jeweils im Mittelpunkt stehenden Figur aus. Wenn es tagelang regnet, so repräsentiert dies sicher keine vergnügte Laune, sondern weit eher das Gegenteil. Wenn jedoch ein verliebtes Pärchen im

Urlaub die Chance nützt, sich im Bett zu vergnügen, während es draußen vor der Berghütte unaufhörlich pladdert, dann kann der gleiche Regen mit einem Mal eine völlig andere Wirkung für eine Geschichte bekommen.

Wie ist eine typische *Wirtshaus-Atmosphäre* in einem bayrischen Dorf? Das Gewirr der Stimmen am Samstagabend, wenn der Alkoholpegel schon beträchtlich gestiegen ist und nebenan die Jugend tanzt. Wie ganz anders hingegen dasselbe Lokal am Sonntag nach dem Kirchgang, wenn sich die alten und jungen Männer des Dorfes bei einer frisch eingeschenkten Maß zusammensetzen ...

Der Geruch einer nahen Brauerei nach Hopfen und Malz und der so ganz andere, aber nicht weniger charakteristische Geruch der Lederfabriken und Gerbereien prägten sehr stark die Atmosphäre in der Stadt meiner Kindheit; entsprechend würden sie eine wichtige Rolle spielen in einer Geschichte, die dort spielt.

Was schafft Atmosphäre?

Was verleiht einer Geschichte das für ein bestimmtes Genre typische Flair? Was macht eine SF-Story so attraktiv für den SF-Fan, einen Krimi für den Afficionado von Krimis – oder den Porno für den Porno-Liebhaber?

Auf Letztgenanntes läßt sich wahrscheinlich am einfachsten antworten: Es sind die *Stellen*, die Szenen mit den deftigen erotischen oder einfach auch nur sexuell zweideutigen (dies ist die literarisch anspruchsvollere Variante) beziehungsweise eindeutigen Handlungen oder Phantasien. Wer einen Porno-Film goutieren möchte, erträgt die meist recht dürftige Handlung, welche die *Stellen* miteinander verknüpft, so ähnlich wie der Zuschauer eines normalen Fernsehfilms die eingeblendete Werbung. Die Schauspieler und -innen sollen möglichst rasch wieder »zur Sache« kommen. Und in einer gedruckten Geschichte ist es nicht anders.

Auch bei einem Wild-Ost-Film oder -Buch geht es selten um die Geschichte, sondern um die Kampfszenen nach Kung-Fu-, Karate- oder Ninja-Manier.

Bei einer Liebesgeschichte geht es um das Tändeln, Werben, Herumkriegen, Annähern, Sich-Verlieren und Wiederfinden – »Romeo und Julia« ist voll von diesen *moments to remember* und zudem noch ein hervorragendes Beispiel dafür, was ein Meister seines Metiers aus einer Genre-Geschichte machen kann – wenn er sein Handwerk beherrscht und entsprechend begabt ist.

In der Science-fiction ist das typische Moment, *sense of wonder* genannt, schon schwieriger herauszufiltern. Es sind dies Situationen des extrem Exotischen (fremde Lebewesen, Planeten und Sternensysteme), der Gigantomanie (bis hin zu explodierenden Sonnen und Raumschiffen, so groß wie ganze Asteroiden), der außergewöhnlichen Erfindungen. Und es sind dies nicht zuletzt utopische Gesellschaftssysteme und Gedankengebäude sowie Welträtsel, die bei Expeditionen bis zu den Ursprüngen und – am anderen Ende – dem Erlöschen ganzer Universen ergründet werden.

Und wie sieht es mit der Atmosphäre beim »Kannitverstan« aus? In einer so kurzen Geschichte kann man da nicht viel entwickeln. Dennoch versteht Hebel es meisterhaft, auf kleinstem Raum, durch wenige Worte, eine Stimmung zu erzeugen, die vor allem den Kontrast von Arm und Reich zum Thema hat. Und dann ist da natürlich das Exotische des fremden Landes, was ja schon im Titel zum Ausdruck kommt: Kannitverstan …

3.3 Synopse, Kernsatz, Titel, Exposé

Zum Abschluß dieses Kapitels will ich kurz noch vier Elemente erwähnen, die gern vernachlässigt werden, obwohl ihnen eine äußerst wichtige Rolle zukommt. Vor allem wenn man schon eine Reihe von Geschichten geschrieben hat, wahrscheinlich verteilt über einen längeren Zeitraum, empfiehlt es sich sehr, die wesentlichen Angaben je Story auf einer Karteikarte festzuhalten. Es sind dies: Inhaltsangabe, Synopse, Kernsatz und Titel.

- Die *Inhaltsangabe* ist das Konzentrat der Geschichte. Wir finden sie, oft ergänzt durch eine Kurzbiographie des Autors, als Klappentext bei Büchern. Sie umfaßt maximal eine Standard-Schreibmaschinenseite mit 30 Zeilen und 60 Anschlägen, also rund 1800 Anschläge.
- Die *Synopse* ist dem verwandt, wird aber noch mehr komprimiert. Sie umfaßt in der Regel nicht mehr als drei bis fünf Sätze und gibt wirklich nur das Allerwesentlichste vom Inhalt wieder. Synopsen finden wir am Schluß von Fachartikeln (dort *abstract* genannt) und auf der Rückseite von Buchumschlägen. Sie sind das, was man sinnvollerweise auf eine Karteikarte oder in eine Datenbank übernimmt.
- Der *Kernsatz* verdichtet ein weiteres Mal, ist gewissermaßen ein Konzentrat der Synopse und ist wirklich nur dies: die Geschichte in einem einzigen Satz.
- Der *Titel* ist nicht nur gewissermaßen eine weitere Verdichtung, nun des Kernsatzes. Er soll zwar auch etwas vom Inhalt transportieren, hat aber mehr noch die Funktion, den Leser/Käufer anzulocken; zum Beispiel mit einer geheimnisvollen Botschaft (»Der Name der Rose«) oder mit einem witzigen Hinweis (»Beim nächsten Mann wird alles anders«).
- Das *Exposé* endlich ist Inhaltsangabe und Synopse verwandt. Dort entwickelt man eine Idee, einen Plot in skizzenhafter Form, sei es um die Story jemandem anzubieten oder – wenn man zunächst nur eine Idee und noch keine fertige Geschichte hat – um sie für sich selbst ein wenig auszuspinnen, damit wesentliche Details nicht verlorengehen.

Noch ein paar ergänzende Gedanken zum Titel: Stellen Sie sich vor, in welcher Konkurrenz Sie mit Ihrer Story stehen! In einer Anthologie müssen Sie sich gegen Dutzende von anderen Stories behaupten, in einer Zeitschrift gar gegen an die hundert und mehr andere Beiträge, die alle auch mit ihrem eigenen Titel Reklame machen! Das Beispiel eines sehr guten Titels ist für mich »Die schönste Geschichte der Welt«. So nannte Jack London selbstbewußt ein eigenes Produkt. Sie dürfen mit mir vermuten, daß jeder diese Geschichte liest, der sie in die Finger bekommt. Ein anderes Beispiel:

»Dienstantritt in dichtem Nebel« – aus dieser Titelzeile einer Reportage in der *Süddeutschen Zeitung* vom 6. Juli 1993 kann man nicht entnehmen, daß es sich um den Tod des Terroristen Jürgen Grams während eines Einsatzes der Spezialeinheit GSG 9 handelt. Es könnte genausogut um den Dienstantritt des »Bahnwärter Thiel« gehen. Dabei ist das Stichwort »Nebel« sogar noch höchst irreführend, weil es nichts mit dem Wetter zu tun hat, sondern nur metaphorisch gebraucht wird: nämlich für den politischen Aufstieg des neuen Innenministers Kanther, nachdem sein Vorgänger wegen der dubiosen Begleitumstände des Todes von Grams zurückgetreten war. Genaueres erfährt man nach dem Titel erst in der *Unterzeile* (wie das bei der Zeitung heißt):

»Während sich Manfred Kanther als Mann von law and order präsentiert, befördern die Vorgänge in Bad Kleinen Spekulationen über das Ende der GSG 9.«

Da weiß man endlich, worum es geht, und man kann sich die Lektüre des Artikels selber sparen, wenn man nicht über noch mehr Details aufgeklärt werden möchte. Die Unterzeile hat also eine Mittelstellung zwischen dem noch knapperen und eher literarisch lockend angelegten Titel und der (ausführlicheren) Synopse beziehungsweise Inhaltsangabe: Die Unterzeile ist gewissermaßen eine Verdichtung der Synopse, so wie diese eine Verdichtung des Inhalts des gesamten Textes darstellt. In Magazinen ist dieser *Einlauf-Text* oft der Plot der Geschichte, in leicht verfremdeter, zum Lesen animierender Ausdrucksweise.

Ich möchte bei Kurzgeschichten anstelle von Unterzeile lieber die Bezeichnung *Kernsatz* verwenden: weil sie nämlich die Idee der Story (den Plot) skizziert.

Ein Tip: Es muß nicht gleich der beste Titel sein; es genügt zunächst ein Arbeitstitel. Wenn Ihnen spontan keiner einfällt, schreiben Sie Ihre Story erst einmal in Ruhe zuende. Schauen Sie sich dann den Schluß an: Oft steht in der letzten Zeile, oder kurz davor, der Titel schon da – hat sich einfach so hingeschrieben als eine Art Resümee des Ganzen.

4. Alles ist Stoff

Film is lika a battle ground:
love, action, hate, violence.
In one word: emotion.

Samuel Fuller

Es gibt drei Gründe, die jemanden zum Schreiben veranlassen können:

1. Seelischen Druck loswerden wollen;
2. Freude am schreibenden Gestalten und Formulieren, für sich allein (so etwas wie die erwachsene Version der Funktionslust kleiner Kinder);
3. für andere Leute stellvertretend etwas verarbeiten. Dazu braucht man einen guten Stoff, muß man etwas wirklich Eindrucksvolles erlebt haben.

Was tun, wenn man zu viel Stoff hat?

Viele Leute klagen, daß ihnen nichts (oder nicht genug) einfällt, worüber sie schreiben könnten. In diesem Kapitel zeige ich deshalb eine Reihe von Möglichkeiten auf, wie man an interessante Stoffe kommen kann. Vorweg jedoch ein kleiner Seitenblick auf das genau gegenteilige Problem: Was macht man, wenn man *zu viel* Stoff hat – zum Beispiel für einen Roman, dessen Charaktere und Handlungen immer weiter wuchern?

Hier hilft es am meisten, in der Sammel-Phase abzuwarten, bis sich von allein ein Schwerpunkt herauskristallisiert, ein zentrales Thema, das einen fasziniert.

Die Betonung liegt auf dem »von allein«, also von innen heraus. Man muß allmählich Vertrauen entwickeln, daß es im Unbewußten Kräfte gibt, die den kreativen Prozeß steuern und – wie von fremder Hand – Richtungen und Verzweigungen andeuten, in die sich Themen und Stoffe von selber entfalten. Man darf sie nur nicht daran hindern. Das ist es, was man begreifen und zulassen muß. Erfahrene Autoren wissen das und vertrauen auf diese unbewußten Prozesse.

Erlebtes – Erlesenes – Phantasiertes

Stoffe – was ist das? Das können ungewöhnliche Erlebnisse sein (zum Beispiel eigene Erfahrungen im Dritten Reich oder im Kriegsinferno von Jugoslawien oder der spektakuläre Jahrhundertfund der Mumie des Ötzi vom Similaun-Gletscher). Diese Ereignisse und Erlebnisse lassen sich mit konventionellen und vor allem simplen Mitteln gestalten, weil ihr Inhalt bereits interessant genug ist.

Es können jedoch auch ganz gewöhnliche Erfahrungen zum Stoff werden, wie sie jeder Mensch macht (ein Ehe-Drama zum Beispiel); so etwas muß auf jeden Fall noch zusätzlich speziell gestaltet sowie interessant und spannend aufbereitet werden.

Und schließlich kann jemand intensiv zu einem Ereignis recherchieren (zum Beispiel über die Atomkatastrophe von Tschernobyl) und aus diesen Unterlagen fremde Erfahrungen neu gestalten, sei es in sachlicher Form (Sachbuch), sei es belletristisch (Kurzgeschichte, Roman).

Es ist zunächst gleich, ob jemand selbst Erlebtes darstellt (wie Grimmelshausen in seinem *Simplicius Simplicissimus*) oder Erlesenes aus zweiter Hand (wie Johannes Mario Simmel in vielen seiner Romane) oder Fiktives (wie Franz Kafka in seinen Geschichten). Erlebtes oder Erlesenes: Wichtig ist, was der Autor aus seinem Stoff macht. Eine Erzählung ist ohnehin stets eine Kombination von Realem und Fiktivem. Das Fiktive ist bei hellsichtigen Autoren sogar manchmal das Realere: Franz Kafka nahm 1919 in seiner Geschichte *In der Strafkolonie* vieles vorweg, was erst Jahrzehnte später in den KZ der Nazi schreckliche Wirklichkeit wurde.

Originelle Stoffe sind sehr selten

Es klingt paradox, aber es stimmt: Stoffe und Themen gibt es wie Sand am Meer. Doch gute, vor allem originelle neue Stoffe sind äußerst selten. Man muß da viel taubes Gestein für einen veritablen Goldnugget durchackern. Das ist so ähnlich wie mit Manuskripten überhaupt: Verlage und Redaktionen suchen unaufhörlich händeringend nach brauchbaren Texten – aber die »Waschkörbe voll«, mit denen sie angeblich zugeschüttet werden, taugen selten etwas (und das ist mit Kurzgeschichten nicht anders als mit Romanen und Sachbüchern). Von 4000 Manuskripten, die in den drei Jahren 1990 bis 1992 an die Lektorate des renommierten Münchner Piper-Verlages geschickt wurden, schaute man sich 400 genauer an (bei den restlichen 3600 lohnte sich offenbar nicht einmal mehr als ein flüchtiger erster Blick aufs Manuskript); unter dem Strich ergaben sich aus dieser Riesenmenge gerade vier Bücher, die schließlich veröffentlicht wurden!

Es genügt eben für eine Veröffentlichung nicht, das eigene Leben auszubreiten. Es muß schon etwas Besonderes an diesem Leben sein, und dieses Besondere muß dann außerdem noch gut dargestellt, nein: erzählt werden. Aber man muß ja nicht unbedingt veröffentlichen. Die Autorin Fabienne Pakleppa sagt dazu ganz nüchtern:

»Für viele hat das Schreiben einen Selbstzweck – das mag sinnvoll sein, aber trotzdem sollte sich bei diesen Autoren die Erkenntnis durchsetzen, daß ihre Werke eigentlich nur sie selbst interessieren und zur Veröffentlichung nicht geeignet sind.«

Erlebtes außen – Erlebtes innen

Wenn die beiden Quellen für Ideen und Themen zu Geschichten das Leben (also die Außenwelt) auf der einen und die Phantasie (also die Welt im eigenen Inneren) sind – wie kann man diese Quellen zum Sprudeln bringen?

Träume sind eine mögliche Quelle. Drogenräusche sind eine andere – wenn auch eine äußerst unzuverlässige und trügerische, wie die doch recht magere Bilanz der psychedelischen Literatur, Malerei und Musik der 60er Jahre gezeigt hat.

Das Buch *Stoffe der Weltliteratur* von Elisabeth Frenzel ist eine interessante Sammlung, die viele Anregungen für eigene Geschichten liefern kann; ein Kompendium menschlicher Kreativität über die Jahrtausende hinweg. Bekannte Stoffe, die darin vorgestellt, verglichen und analysiert werden, sind »Faust«, »Hamlet«, »Antigone«, »Ödipus«, »Don Juan«, »Jedermann« und »Amphytrion«, um nur einige von über hundert Themen- und Themengruppen zu nennen.

Es gibt noch eine vierte wichtige Quelle für Geschichten: die Massenmedien. Das Fernsehen ist nicht so günstig; es prägt einen Plot bzw. Stoff schon sehr stark durch die visuelle Präsentation. Vor allem aber sehen zu viele andere Menschen dieselben Angebote der Mattscheibe. Ähnliches gilt für Illustrierte; auch sie arbeiten sehr mit Bildern und werden ebenfalls von einem Millionenpublikum mit vielen potentiellen Story-Schreibern auf der Jagd nach Ideen gelesen.

Aber die Tageszeitung bietet, vor allem auf der »Vermischten Seite«, den Stoff vergleichsweise dürr dar und schreit oft geradezu nach literarischer Gestaltung und Ausschmückung. Außerdem sind die Auflagen, selbst bei überregionaler Verbreitung, nicht gar so gigantisch wie beim TV und den Illustrierten. Der »Vermischten Seite« der *Süddeutschen Zeitung* entnehme ich am 3. Juni 1993 folgende zwei Plots, die ich gern zur Anregung der kreativen Phantasie weitergebe.

Armer Student im Lottoglück (Köln) Mit einer Investition von 19,50 Mark für einen Lotto-Schein gewann ein 30jähriger mittelloser Student der Betriebswirtschaft 7.271.624,30 Mark. Der verheiratete Mann, Vater von zwei Kindern, hatte aus lauter Verzweiflung im Lotto gespielt, weil er, wie er dem Glücksboten von der Lotto-Zentrale sagte, »dringend Geld brauchte«. Ohne den Gewinn hätte er bald die Miete nicht mehr bezahlen können, denn seine Frau sei arbeitslos und er habe seine Familie nur mit Nebenjobs versorgen können.

Mag sein, daß dies eine getürkte Meldung ist (was man den Freudenbotschaften der Lotto-Zentralen gern unterschiebt) – aber interessanter Stoff ist sie allemal.
Wie ist die Situation, in die so ein gigantischer Gewinn platzt? Und was macht jemand damit, der gerade lernt, mit Geld (anderer Leute) umzugehen? Geht es ihm auch nicht besser als den vielen Lottogewinnern, denen das Geld bekanntlich so rasch in den Händen zerrinnt, wie es gewonnen wurde? Ein Lottogewinn von einer Million Mark – das wäre es jedenfalls! Eine interessante Variante dieses Plots ist folgende: ausmalen, was geschieht, wenn jemand nur so tut, als habe er/sie eine Million gewonnen. Eine weitere Steigerung dieser Idee sieht so aus: Man spielt probehandelnd durch, wie sich ein Lottogewinn auf das eigene Leben auswirken würde, das heißt: wie man sich anders verhalten, welche Wünsche man sich zum Beispiel erfüllen würde, wenn man keine Rücksichten auf das Bankkonto nehmen müßte.
Es könnte sich dabei herausstellen, daß man die eigentlichen Wünsche (also die Erfüllung der wirklich wesentlichen Bedürfnisse) auch ohne das viele Geld erreicht. (Das wäre dann schon die *message* der Story).

4.1 Das Große Palaver

»Film ist ein Schlachtfeld: Liebe, *action*, Haß und Gewalt. In einem Wort: Gefühl.« In diesem einen Satz faßt der berühmte amerikanische Regisseur Samuel Fuller zusammen, worum es nicht nur beim Filmemachen, sondern auch beim Schreiben von Geschichten geht. Eine der ergiebigsten Quellen für Ideen zu Geschichten ist deshalb dort zu finden, wo das Gefühlsleben sich unmittelbar ereignet: bei Freunden, Verwandten, Nachbarn. Es sind nicht immer unbedingt die besten Freunde, manchmal sogar unsere Feinde, die einem etwas zutragen, wissentlich oder ohne es zu wollen. Aber allemal sind (dies die seriöse Variante) zuverlässige Berichte aus zweiter Hand und (dubiose Variante) Klatsch und Gerüchte wichtige Ideenlieferanten, aus denen jeder erfahrene Erzähler gern schöpft.

Stammbaum und Familien-Chronik sind ergiebige Quellen für Stoffe: Thomas Mann hat daraus reichlich für seine *Buddenbrooks* geschöpft. Eine ergiebige und stimulierende Übung hierzu heißt Sieben Generationen. Dafür trägt man zunächst in einem Stammbaum (in größeren Schreibwarenläden als fertige Vorlage zu kaufen) alle Familienmitglieder ein (wenn möglich für sieben Generationen). Anschließend notiert man für jede Person einen einzigen Satz, der sie charakterisiert. Das kann man nach und nach immer weiter ausbauen, bis zu jeder Figur eine kleine Geschichte entstanden ist.*

Vor allem die Großelterngeneration stellt eine unschätzbare Quelle für derlei Informationen dar. Am günstigsten ist es, erst einmal mit einem Cassetten-Recorder das Material zu sammeln. Aus diesen klaren oder trüben Brunnen haben zu allen Zeiten die Märchen- und Geschichten-Erzähler nach Herzenslust geschöpft, gab es doch früher, schon gar vor der Entstehung der Massenmedien, überhaupt keine anderen Informationsmöglichkeiten. Als weitere Quelle nennt der amerikanische Autor Paul Auster (bekannt geworden durch düstere Romane wie *Mond über Manhattan* und *Die Erfindung der Einsamkeit*) große literarische Vorbilder:

»Von allen Schriftstellern, die ich gelesen hatte, inspirierte Montaigne mich am meisten. Wie er versuchte ich, meine eigenen Erfahrungen als Gerüst für meine Texte zu verwenden, und auch wenn der Stoff mich auf ein ziemlich abgelegenes und abstraktes Terrain führte, hatte ich nicht

---

* Es empfiehlt sich, das zunächst auf Karteikarten oder in einer Datenbank zu machen, damit man das Material besser ordnen und miteinander vernetzen kann.

so sehr das Gefühl, irgend etwas Maßgebliches über diese Gegenstände zu sagen, sondern eher, eine untergründige Vision meiner eigenen Lebensgeschichte zu schreiben... zum Beispiel eine Betrachtung über das Geld und eine andere über Kleidung; ein Essay über Waisen und ein etwas längeres Stück über den Selbstmord...«

Grundthemen des Lebens

Hier einige Anregungen für Motive und Plots von »Abenteuerlust« bis »Zwanghaftigkeit« (man denke auch an die *Sieben Todsünden*, die *Sieben Tugenden* und die *Zehn Gebote*):

Abenteuerlust/Altern/Angst/Autorität
Befreiung/Betrug
Charakter/Charisma
Dummheit
Egoismus/Ehrgeiz/Eifersucht/(verletzte) Eitelkeit/
Enge/ Entwicklung/Erlösung
Falschheit/Führung
Geburt/Geiz/Gier/Gelassenheit/Größenwahn
Haß/Heiterkeit/Heldentum/Herrschaft
Ichschwäche
Jähzorn/Jugend (vs. Alter)
Krankheit/Kriminalität/Konkurrenz
Leiden/Leidenschaft/Lernen/Liebe/Lust
Macht/Mord
Narzißmus/Neid/Neugier/Neurose
Ordnung
Prüfung/Psychose
Qualen
Rausch/Rivalität
Schmerz/Schuld/Schuldgefühl/Schwangerschaft/
Sehnsucht/Sex & Crime/Sucht/Suizid

Tod/Transformation/Trauer
Unterwerfung/Unterwürfigkeit
Verblendung/Verliebtheit/Verwandlung
Wahn/Wandel
Xenophobie
Ypsilon-Chromosom (männlich vs. weiblich)
Zorn/Zwanghaftigkeit.

Zentrale Themen sind nicht zuletzt: Vater/Mutter/
die Geschwister/das Männliche und das Weibliche.

Im Kasten habe ich eine Fülle möglicher Motive und Plots zusammengestellt, die ich *Lebensgrundthemen* nenne. Man miß-
verstehe dies nicht als vollständigen Katalog, sondern sehe darin lediglich eine Liste, welche die eigene Erinnerungsfähigkeit
und Phantasie anregen soll.
Was den Stoff des Kannitverstan angeht, so muß ich das, glaube
ich, nicht noch weiter ausbreiten. Es ist ein unglaublich moder-
ner Stoff in unserer Zeit, in der mehr als 120 Millionen Menschen als Flüchtlinge und in ähnlich desolaten Verhältnissen
über den Erdball irren: Der Fremde in der Fremde...

4.2 Von Tabu und Tod

Tabus zu brechen ist eine der vornehmsten Aufgaben eines
Schriftstellers. Aber dies darf nicht zum Selbstzweck werden.
Bricht der »Baby-Ficker« notwendigerweise ein Tabu? Oder
verletzt er nur Schamgrenzen, schockiert er nur um der Er-
höhung der Auflage willen? Wer sich vom Titel nicht ab-
schrecken läßt, wird eine Geschichte entdecken, die schockiert –
die aber auch eine wichtige aufklärerische Aufgabe erfüllt. Das
eigentliche Tabu, das da nämlich gebrochen wird, ist das
Schweigen, das Hunderttausende Väter und Mütter, Verwandte,

Ärzte, Behörden, ja die ganze Gesellschaft noch immer über dem Thema »Mißhandlung, Mißbrauch und Vergewaltigung von Kindern« lasten lassen. Die Frage ist allerdings, ob René Allemann das mit diesem Titel hätte tun müssen. Auf jeden Fall erfüllt dieser Titel fraglos in hervorragender Weise die Funktion, die ein guter Titel haben sollte: Er lockt Leser an.

Es gibt noch eine Reihe anderer Tabus, zuvorderst alles, was mit den »letzten Dingen« zu tun hat und, damit aufs engste verbunden, alle religiösen Themen.

Sexualität, das große Tabu der Großeltern-Generation, wurde scheinbar erfolgreich gestürmt. Die ruppige und recht schonungslose Art, mit der man heute damit umgeht, beweist dem aufmerksamen Beobachter jedoch nur: Da wurde lediglich ein Tabu durch ein anderes ersetzt. Man befolgt das Tabu (nämlich, daß Sexualität »etwas Unanständiges und deshalb Abzulehnendes« sei), indem man es seines Geheimnisses beraubt und ganz locker und cool darüber spricht. Und das möglichst viel. Um einen berühmten Ausspruch des Philosophen Ludwig Wittgenstein (den letzten Satz seines *Tractatus logico-philosophicus*) gewissermaßen auf den Kopf zu stellen:

»Was man nicht tun kann, davon soll man reden.«

Es geht immer um Leben und Tod

Da ist zum einen das Nachdenken über den (möglichen) eigenen Tod. Darüber zu phantasieren, zu philosophieren und Geschichten zu schreiben, das geht noch. Weit problematischer ist es, sich den Tod der eigenen Eltern oder Kinder zu deren Lebzeiten auszumalen. Nicht aus neurotischer Ängstlichkeit heraus – sondern um allen Möglichkeiten ins Auge zu sehen. Todesfälle fördern nämlich die wahre Situation und die unbewußte Familien-Dynamik zutage. Lebenslügen werden aufgedeckt. Erst der Tod der eigenen Eltern zwingt uns ja, endgültig erwachsen zu werden, also ihren zuvor angestammten Platz einzunehmen. Wenn das kein Thema ist!

Eine ergiebige Übung in diesem Zusammenhang: Einen Nekrolog auf sich selbst halten und die Reaktion der ums Grab versammelten Trauergäste dazu phantasieren.

Interessanten Stoff liefern auch stets Katastrophen aller Art. Oder abseitige Leidenschaften. Auf einen simplen Nenner gebracht, der eine ganze Industrie am Laufen hält: *Sex and Crime*.

Wo werden Tabu-Stoffe behandelt ?

Spezielle Genres wie der Krimi, die Science-fiction, die Fantasy und die Liebesgeschichte behandeln jene Stoffe, die in der Mainstream-Literatur zu kurz kommen, ja die dort als Tabu-Themen regelrecht gemieden werden. Das Problem dabei ist nur, wie bei allen *Ausgestoßenen*, daß sie ihre Aufgabe allzu gut erfüllen: Sie behandeln ihr Thema in übertriebener, einseitiger Form. Und deshalb werden sie mit Geringschätzung, ja Verachtung bestraft, zum Beispiel von den Kritikern in den Feuilletons.

Das Sujet des *Krimi* ist die Gewalttätigkeit, speziell der brutale, gemeine, eigensüchtige Mord. Gewiß findet man ihn auch in der Mainstream-Literatur, schon gar im Unterhaltungssektor, etwa bei Johannes Mario Simmel. Aber erst im Krimi wird auch das gesamte Umfeld thematisiert: die Unterwelt, die Polizei als Konkavform dazu (wo es angeblich auch nicht viel anders zugeht, nur eben mit der Genehmigung zum Aggressivsein oder gar mit der »Lizenz zum Töten« à la James Bond), dann die Korruption der Politiker und vor allem die Mitschuld des Umfelds von Opfer wie Täter.

In der *Liebesgeschichte* stehen die Beziehungen der Menschen mit ihren Irrungen und Wirrungen im Zentrum. Auch sie sind für gewöhnlich integraler Bestandteil der normalen Literatur. Aber vor allem in den Trivialromanen in Heftform geht es um »Beziehungsknäuel pur« – und das wollen die Leute in Milliarden-Auflagen haben, eben als Droge. Dies wiederum heißt doch nichts anderes, als daß derlei Themen für die meisten Leser in der Mainstream-Literatur zu kurz kommen oder falsch, also viel zu literarisch anspruchsvoll verpackt werden. Viele Leser wollen sich aber nicht mit gehobenen Ansprüchen aufhalten; dafür haben sie viel zu wenig Zeit, und dafür ist ihre Aufmerksamkeitsspanne und ihre Konzentrationsfähigkeit viel zu wenig trainiert.

Die *Fantasy* wiederum befriedigt die Sehnsucht der Menschen aus Kindheitstagen nach der Märchenwelt, wo Gut und Böse klar erkenntlich sind, wo es abenteuerlich zugeht wie im Helden-Mythos, wo vor allem die Magie für Erklärungen aller Welträtsel und ihre Lösung sorgt und wo schließlich alle Verzauberten erlöst werden. Aber dies alles eben mit klar erkennbaren und vor allem spannenden, unterhaltsamen Handlungsverläufen.

Ähnlich ist es bei der *Science-fiction*, dem heute wohl beliebtesten Spezial-Genre der Literatur. Hier wird nämlich das größte moderne Tabu-Thema überhaupt in Höchstdosierung verabreicht: Religion beziehungsweise ihre illegitime Tochter, die Esoterik. Was sind denn die Aliens aus fremden Sonnensystemen oder gar aus fremden Milchstraßen (also: vom Himmel) anderes als die Engel und Dämonen untergegangener Glaubenswelten, die von der Epoche der Aufklärung zerstört worden sind.

4.3 Auch Träume erzählen Geschichten

Eigene Träume sind so etwas wie Fenster in die Vergangenheit des eigenen Lebens. Mit jedem dieser Fenster öffnen sich immer wieder neue Fenster. Manche bilden auch eine Art endloser Kette und kehren zu sich selbst zurück – das sind jene Lebensmuster, die Sigmund Freud so treffend *Wiederholungszwang* nannte. Der französische Schriftsteller Jules Goncourt hat sich zum Umgang mit Träumen so geäußert:

Das Bedürfnis, Träume aufzuschreiben, haben viele Menschen, keineswegs nur solche, die ihr Innenleben literarisch verwerten. Aber das Schreiben verändert das im Schlaf Erlebte entscheidend …

Die große Sicherheit des Gefühls, die im Traum verspürt wird, muß jetzt auf andere Weise hergestellt werden, was nur schwer gelingt …›Unvergeßlich‹ denken wir zunächst, vergessen (den Traum) aber doch, wenn sich erst die Sprache zwischen uns und die Bilder und Gefühle geschoben hat. Das Festhaltenwollen sorgt fürs Verlieren. Aber in dieser Sisyphusarbeit, in diesem Aufschreiben von Träumen, liegt etwas wie Verehrung für das, was wir als fremd und zugleich uns selbst entstammend empfinden. Rätselhaft, schwer begreiflich, aber kostbar.

Das Bearbeiten von Träumen erschließt eine Fülle von Ideen für Geschichten, deren Stoff das eigene Leben ist, ganz im Sinne von William Shakespeare, der vom »Stoff aus dem die Träume sind« spricht. Ein Schriftsteller unserer Tage bestätigt diese Auffassung. Der Roman *Fräulein Smillas Gespür für Schnee* ist, nach eigener Aussage, ein Produkt der Träume des Autors Peter Hœg. Zweimal sei ihm »Grönland in starken, archaischen Träumen« erschienen. Wie einem »Komponisten, der eine bestimmte Harmonie für eine neue Musik im voraus empfindet«, sei ihm die Stimmung für das Buch (das selbst »zu kompliziert ist, um es ganz zu träumen«) im Schlaf begegnet.

Der Tod eines Bekannten löst in Martin Gregor-Dellin eine Kette von Träumen aus, mit denen er sich in seinem *Italienischen Traumbuch* auseinandersetzt. Das Buch ist zugleich eine Art Vorahnung des eigenen Todes kurz darauf. Aus dem folgenden Traum entstand, wie Gregor-Dellin mir kurz zuvor mitteilte, die Geschichte »Ende eines Naturlyrikers«:

Etwas wurde zu Grabe getragen, ohne daß ein Sarg sichtbar ward. Aber das Tote, das Verstorbene, von dem es Abschied zu nehmen galt, war trotzdem da. Es war jetzt noch da ohne Form und Gestalt, und ich konnte darauf hinabsehen. Der Begriff der Kindheit deckt sich vielleicht damit. Allein diese Kindheit war eine Welt, die mit vielen trappelnden Unschuldsfüßen sich selbst zu Grabe trug und vorher zum letzten Abschied schritt.

Traum-Geschichten könnten eines Tages, wenn man diese Möglichkeit der Gratwanderung zwischen Tiefenpsychologie und Literatur noch besser kennt, ein eigenes belletristisches Genre werden!

5. Überarbeiten und druckreif machen

*»Geschichten erzählen, Charaktere schildern
und gleichzeitig mit Spannung fesseln«.*
(Leo Perutz)

*Der russische Schriftsteller Isaak Babel kam eines Tages mit einem
dicken Manuskript unter dem Arm zu seinem Verleger. Der Verleger war hocherfreut, endlich hatte sein Autor einen Roman geschrieben! Babel nahm jedoch von dem Stapel lediglich ein paar
Seiten ab und überreichte sie dem Verleger. Das sei seine neueste
Kurzgeschichte, erklärte er dazu, »der Rest sind die 32 Versuche,
die ich benötigte, um diese Kurzgeschichte zu formen«.*
Geschichten sind zunächst einmal Roh-Texte. Wie ein Diamant
müssen sie geschliffen werden, um ihr wirkliches Feuer verstrah-
len zu können. Viele Autoren erleben dieses Überarbeiten ihrer
Texte als unangenehm. Ihre Ungeduld läßt sie leicht daran verzweifeln, daß der Text nicht gleich druckreif aus ihnen heraus-
quillt. Dabei gibt es eine Reihe von handwerklichen Möglichkeiten und Tricks, die den Feinschliff nicht nur zur lästigen Pflicht,
sondern zu einer ausgesprochenen Freude machen können.
(Das Redigieren von eigenen Geschichten hat außerdem noch
interessante [selbst-]therapeutische Effekte – mehr dazu weiter
unten.)
Das Bearbeiten (Redigieren) von Geschichten kann (und sollte)
ebensoviel Freude machen wie das Schreiben selbst. Es verlangt
jedoch unter anderem die Tugend der Geduld – und der selbst-
kritischen Liebe zum eigenen Text. Zusätzlich zu den Tips im
Kasten noch zwei Vorschläge, die hilfreich sein könnten:
Wenn das Redigieren allzuviel Überwindung kostet, sollte man
in einem »Begleitenden Tagebuch« notieren, was da an Unmut
eventuell im Unbewußten grummelt. Wie wirkt es sich aus,
wenn man sich vorstellt, da blicke einem der Vater oder die

Mutter über die Schulter oder sonst jemand, dessen kritisches Urteil man fürchtet?

Ich habe außerdem verblüffende Effekte erzielt, wenn ich Texte, bei deren Bearbeitung ich extreme Widerstände spürte, statt wie gewohnt mit der rechten Hand mit der linken korrigierte!

---

17 Tips für mehr Spaß beim Überarbeiten

Grundsätzlich: Texte zu überarbeiten bedeutet immer auch ein Stück Selbsterfahrung und Therapie machen.

1. Den Inneren Kritiker kennenlernen, abspalten und trainieren (dadurch mehr Sicherheit im eigenen Urteil gewinnen);
2. textfreundliche Einstellung üben (»Texte sind so etwas wie Teile von mir selber ...«).

Wichtige Hilfsarbeiten sind:

3. Synopse und Titel anfertigen (Details hierzu s. Kap. 4, »Elemente ...«);
4. Texte gut zugänglich und geordnet aufbewahren; und außerdem
5. Eintrag auf Karteikarte vornehmen bzw. in einer Datenbank (falls man mit dem Computer arbeitet);
6. verschiedene Versionen desselben Textes vergleichen (Korrekturfarbe verwenden – das geht sehr gut mit modernen Text-Programmen);
7. genügend Zeit fürs Redigieren einräumen (eine Stunde etwa) – und das regelmäßig, möglichst jeden Tag ...
8. ... und möglichst am selben Platz.

Trainieren sollte man:

9. Text laut vorlesen beim Korrigieren/Redigieren (noch besser: einem Cassetten-Recorder als *Gegenüber* erzählen bzw. diktieren);

---

10. Text abtippen (Selbstdisziplin üben dabei);
11. Mitarbeit in einem Redaktions-Team (das kann auch eine selbst organisierte kleine Zeitschrift sein);
12. zeitliche und örtliche Trennung von Schreiben des Roh-Textes und Überarbeitung dieses Textes;
13. einen Abdruck in Erwägung ziehen (bei wem? für wen? wo?) – das gibt der Arbeit einen zusätzlichen Ernst;
14. einem *Lese-Zirkel** beitreten oder ihn selbst gründen. Dort werden Texte *gegengelesen* (notfalls brieflich – aber unbedingt einmal im Monat mindestens auch im persönlichen Beisammensein). Es kann sehr viel erholsamer und weniger stressig sein, einen Text in einer Gruppe zu überarbeiten als allein;
15. Kritik dabei stets *schriftlich* notieren!

Ein guter Einfall ist noch nicht genug

Es genügt nicht, einen guten Einfall für eine Story zu haben, zum Beispiel den Plot. Es müssen viele weitere Ideen nachfließen – zu den Charakteren der Geschichte, zu den Schauplätzen, zum Zeitkolorit, zum Verlauf der Handlung (Details in Kap. 4).

Man kann pro Manuskriptseite rechnen, daß ungefähr drei Einfälle nötig sind, gleich welcher Art. Bei einer Geschichte mit der durchschnittlichen Story-Länge von zehn Seiten braucht man also rund 30 Einfälle. Die wollen erst einmal gefunden sein.

Typischerweise bleiben sie aus, wenn man deprimiert ist oder durch andere Einflüsse blockiert. Das Unbewußte ist dann primär mit dieser Störung beschäftigt. Das bemerkt man oft gar nicht (deshalb ja die Bezeichnung *unbewußt*). Man wundert sich bloß, daß einem »nichts mehr einfällt«.

---

* Das ist eine kleine Arbeitsgruppe, deren Mitglieder eigene Texte austauschen und gegenseitig kritisch lesen.

Am schlimmsten ist der *Writer's block* bei einer handfesten Depression (die ja weit tiefer im Unbewußten, d. h. in der Kindheitsgeschichte und damit im Körper verankert ist als eine vorübergehende »depressive Verstimmung«); da ist dann guter Rat teuer. Wenn das Handicap jedoch nicht so massiv ausgeprägt ist, gibt es zur Beseitigung solcher angeblicher *Einfallslosigkeit* allerlei handwerkliche Tricks und psychologische Hilfen, die ich nun skizzieren will.

Von der Betrachtung zur Erzählung

Viele Leute mißachten beim Geschichtenschreiben den Unterschied zwischen *Erzählen* und *Beschreiben*. Letzteres ist immer passiv, statisch; die Zeit ist dabei irgendwie angehalten, stockt regelrecht. Sobald richtig erzählt wird, kommt alles in Fluß, wird ein Vorgang lebendig. Das ist ein Unterschied ähnlich wie zwischen einem Stehkader, also einer Momentaufnahme aus einem Film, und der richtigen Filmszene. Ein Beispiel: »Der Mann kam mit einer gleitenden Bewegung näher, leise, in der Dämmerung kaum wahrnehmbar, wie eine Katze...«
»Der Mann näherte sich in der Dämmerung und war dabei kaum wahrnehmbar ...«
Auch die zweite Aussage ist korrekt, beschreibt, was geschieht. Aber die erste Version ist sinnlicher, aktiviert die Körperwahrnehmung des Lesers, indem sie ihn mittels kinästhetischer Resonanz mitschwingen läßt: »Gleitende Bewegung« und »wie eine Katze« – da kann sich jeder etwas darunter vorstellen, einfühlen und mitgehen. Das heißt, man muß dem Leser genügend Informationen mitteilen, die das sichtbare Geschehen (und möglichst auch das unsichtbare »Geschehen hinter dem Geschehen«) plastisch vermitteln.
Schritt für Schritt sollten aber nicht nur die optischen Wahrnehmungen skizziert werden, sondern auch dem Ohr, dem Geruchs- und Geschmackssinn und dem Tastsinn sowie den anderen Sinnesorganen ein Minimum an Reizen geboten wer-

den. Zumindest soweit es für den Fortgang der Geschichte sinnvoll ist (sinnvoll = volle Sinne!). Dies ist natürlich mittels geschriebenem Wort weitaus schwieriger, weil das nicht so lärmend daherkommen kann wie das gesprochene Wort oder gar das Ereignis selbst. Aber man kann doch Texten eine Menge mehr Leben einhauchen als vor allem der Anfänger meint (s. hierzu insbesondere Carpenters »Ideomotorisches Prinzip«, S. 91).

Man kann dieses »sinnlicher schreiben« am einfachsten üben, indem man Texte (eigene wie fremde) laut vorliest. Wenn man dabei noch kräftig übertreibt, auch mit der Lautstärke und dem Tonfall experimentiert, dann bekommt man allmählich ein Gefühl dafür, was man alles in einen Text hineinpacken kann. So richtig *schauspielern* – das ist es. Man kommt sich dabei am Anfang vielleicht ausgesprochen blöde vor; aber das macht nichts. Nur so lernt man die dramatischen Qualitäten von Sprache allmählich kennen und wertschätzen.

Und noch ein zusätzlicher Tip: Bei diesem lauten Vorlesen sollte man möglichst stehen und den ganzen Körper mitbewegen, auch mal gestikulieren, mit der Hand einem Inhalt deutlich Nachdruck verleihen – auch wenn dies pathetisch wirken mag. So bekommt man allmählich eine Ahnung von der Qualität bestimmter Worte (schwache Ausdrücke lassen sich zum Beispiel viel schwerer in anschauliche Bewegungen umsetzen!), und man findet stärkere Worte, Sätze, Passagen.

Eine weitere Steigerung ist es, sich dieses laut Vortragen im Stehen vor einem (zunächst imaginierten) Publikum zu denken. Und warum nicht irgendwann vor einem richtigen Publikum lesen? Dann sollten die Texte allerdings bereits über eine entsprechende Qualität verfügen. Es gibt jedenfalls nichts Stimulierenderes als den direkten Kontakt mit einem Publikum. Ein guter Sprecher bzw. ausgebildeter Schauspieler vermag, dies nur nebenbei, selbst einem schwächeren Text noch viel Leben einzuhauchen. Umgekehrt kann ein schlechter Sprecher (und leider beobachtet man dies bei vielen Lesungen) auch einen guten Text ruinieren.

Von der Statik zur Dynamik

Hilfreich ist es gerade bei einer Kurzgeschichte, nicht lange im Vorspiel zu verweilen, sondern gleich mitten in die Handlung hineinzuspringen. Konflikte sollten rasch auf den Tisch kommen und einsichtig werden. Es ist

– viel lebendiger, die Hauptfigur (ganz körperlich) einen Weg zurücklegen zu lassen,

– als sie über diesen Weg »nachdenken« oder eine andere Figur davon erzählen zu lassen.

Nur so fragt sich der Leser gespannt (und das soll er ja): Wird mein Held diesen schwierigen Weg meistern? Wird er die Hindernisse überwinden, die Prüfungen bestehen, die Gefahren bewältigen? Im Dramatischen Knoten muß es mir als Leser vor *Angst* wirklich *eng* werden. So wie im Alptraum, wo jemand durch eine immer enger werdende Röhre kriecht, hinter sich das Geräusch näher gurgelnden Wassers, vor sich ein böse flackerndes Leuchten...

Die Enge erzeugt Angst (die beiden Wörter sind sich nicht zufällig ähnlich). Die Angst kann mich noch mehr lähmen – oder sie beflügelt mich, die drohende Gefahr zu beseitigen.

Redigieren als (selbst-)therapeutischer Prozeß

Das Überarbeiten (Korrigieren, Redigieren) ist ein ganz wesentlicher Schritt beim Schreiben einer Kurzgeschichte oder irgendeines anderen Textes. Es ist gewissermaßen ein Stück (Selbst-)Therapie. Wenn einem nämlich das »treffende Wort« nicht einfällt oder man partout nicht daraufkommt, wie eine bestimmte Situation oder ein Charakterzug einer Figur beschaffen ist, dann gehört dies in die Kategorie *Vergessen*. Sigmund Freud hat 1906 in seiner *Psychopathologie des Alltagslebens* viele treffende Beispiele hierfür gesammelt und scharfsinnig gedeutet – und fand stets, daß es triftige unbewußte Gründe für solche Fehlhandlungen gab. Das gesamte III. Kapitel seines

Buches befaßt sich mit dem »Vergessen von Namen und Wort-folgen«; dort findet man viele Hinweise, die sich auch auf das eigene Schreiben übertragen lassen. Sehr aufschlußreich, ja teils unfreiwillig komisch sind auch die von Freud erwähnten Bei-spiele für Verwechslungen von Ausdrücken bzw. Versprecher. So gab etwa ein des Diebstahls beschuldigter Volkswehrmann zu Protokoll:

»Ich wurde seither aus dieser militärischen Diebstellung (an-statt: Dienststellung) noch nicht entlassen, gehöre also derzeit noch der Volkswehr an.«

Und wenn ein Abgeordneter des deutschen Reichstags um die Jahrhundertwende, also zu Kaisers Zeiten, in einer Rede kund-gab, man solle dem Kaiser eine Botschaft »rückgratlos« überrei-chen – so läßt dies auch ohne spezielles Fachwissen in Psycho-analyse oder Tiefenpsychologie tief blicken.

Wenn es dem Autor gelingt, eine solche Leerstelle in einem Text aufzuklären, hat er nicht nur eine psychodynamische Lücke gefüllt, sondern das *Aha*-Erlebnis bei dieser Gewinnung einer wichtigen neuen Erkenntnis verschafft, zudem eine große – und nicht nur intellektuelle – Befriedigung, ja manch-mal sogar ein ausgesprochenes Glücksgefühl. In dieser Hin-sicht lohnt es sich übrigens immer, Stellen in einer Geschich-te, wo man *Fehler* korrigiert hat, genauer zu hinterfragen (zum Beispiel ein paar Minuten die Augen zu schließen und darüber zu meditieren). Dort meldet sich nämlich nicht selten eine tiefere Erzählschicht. Dies kann sich besonders dann als äußerst ergiebig erweisen, wenn man mit dem Erzählen nicht so recht weiterkommt oder gar in einer Blockade hängenge-blieben ist.

Was tun mit unfertigen Geschichten?

Was macht man mit Geschichten, die nicht fertig geworden sind (ich nenne sie *Rohlinge*)? Das passiert oft in einem Seminar. Das kreative Milieu der Gruppe hatte die Phantasie entzündet, die

Einfälle waren gesprudelt – aber dann sitzt man wieder allein zu Hause und kommt nicht mehr hinein in den kreativen Prozeß! Ich schlage dazu folgende Schritte vor:

1. *Auch Geschichten gedeihen langsam.* Man muß sich immer wieder klarmachen, daß eine Geschichte (wie jeder Text) einem kreativen Prozeß unterworfen ist und reifen muß; das gilt nicht nur für Käse und Weine. Ein Beispiel aus eigener Produktion: 1964 fiel mir in Wien der Titel für eine Story ein (nur der Titel – nicht einmal irgendein Plot oder Thema oder gar ein Exposé): »Blues für Fagott und Zersägte Jungfrau«. Dieser Titel kümmerte in meinem Archiv dahin, fiel mir immer wieder einmal in die Finger (etwa 1989, als ich das Archiv aus den unzugänglichen Schluchten eines Aktenordners befreite und in eine Datenbank übertrug). Immer wieder sinnierte ich darüber; aber es wollte keine Geschichte entstehen. Und dann eines Tages, am 17. Februar 1992, in einem Seminar – da fing die Story plötzlich an zu sprudeln. Und konnte von mir in einem einzigen Rutsch hingeschrieben werden.

2. *Zwischenschritte sind hilfreich.* Der kreative Prozeß ist keineswegs ein kontinuierliches Geschehen, das ohne Unterbrechung dahinfließt wie ein Bach im Wiesengrund. Vielmehr macht er regelrechte Sprünge, bei denen man eher an einen Wildbach im Gebirge gemahnt wird: Der hüpft mal munter bergab, dann wieder sammelt sich das Wasser in einer Gumpe, füllt sie und rauscht dann plötzlich weiter.
Den Anfang meiner Story »Hesse in Harlem« schrieb ich im August 1985 an einem heißen Tag in München. Ich fühlte mich plötzlich irgendwie in New York und begann diese Geschichte zweier jugendlicher Puertoricaner, die ihre Schwester suchen (die sich mit einem Weißen davongemacht hat). Dann war die Sommerhitze schlagartig vorbei, wie das in München oft so ist – und mit der Hitze war auch die Atmosphäre und die ganze Story verschwunden. Erst vier Jahre später geriet ich beim Hören einer Jazz-Platte von John Coltrane erneut in die Ge-

schichte hinein. Aber sie war noch immer nicht bei dem Schluß angelangt, den ich allerdings irgendwo in meinem Unbewußten offenbar schon kannte. Im April 1992 wollte ich diesen Rohling endlich fertig schreiben. Ich hatte in einer Zeitung einen äußerst pessimistischen Bericht über die Zukunft Münchens gelesen: Man rechnet »für die Jahrtausendwende mit Zuständen wie in New York«, hieß es da. Das muß irgendein Signal in meinem Unbewußten ausgelöst haben. Jedenfalls schrieb ich anderntags (ohne zunächst zu bemerken, was ich da tat) eine Geschichte über einen Autor, »der mit einer Geschichte nicht weiterkommt«. Diesen Mann ließ ich – das fiel mir während des Schreibens dieser neuen Story ein – den Entschluß fassen, nach New York zu fahren, um dort an einem heißen Augustabend in Harlem...

In Wirklichkeit würde ich diese Reise kaum unternehmen, jedenfalls nicht so spontan. Aber jene zweite Story entzündete meine Imagination offenbar so weit, daß der kreative Prozeß im Unbewußten erneut in Gang kam. In zwei Schüben wurde dann nicht nur »Hesse in Harlem« fertig, sondern auch die neue, davon inhaltlich unabhängige Story.

3. *Kaffeehaus-Atmosphäre.* Manchen Autoren hilft es auch, sich nach Art der Kaffeehaus-Literaten in ein Lokal zurückzuziehen; in manchen Städten findet man sie noch, speziell in Wien, wo diese Art von geistigem Treffpunkt angeblich entstanden ist.

4. *Atmosphäre eines Schreib-Seminars.* Was nicht nur mir, sondern auch anderen Leuten schon oft geholfen hat, war der Besuch eines weiteren Schreib-Seminars. Es müssen sich dazu nicht einmal dieselben Teilnehmer einfinden (das klappt nie); aber die Atmosphäre einer Gruppe Gleichgesinnter ist dem kreativen Prozeß als solchem förderlich, und man läßt sich dort leichter auf das Schreiben von Geschichten ein (was ja zum Überleben im Alltag nicht unbedingt erforderlich und entsprechend wenig geschätzt ist). Vor allem aber wird man im Seminar nicht von den Sachzwängen daheim oder am Arbeitsplatz

abgelenkt und immer wieder brutal aus dem Schreiben heraus-
gerissen.

5. *Sich lösen.* Wem das alles nichts hilft, dem verrate ich hier
noch einen Geheimtip. Es gibt nämlich noch eine fünfte Möglichkeit, die allerdings weit extravaganter ist als der Besuch eines
Seminars oder Cafés: Man löse eine Fahrkarte der Bundesbahn
zum Super-Spartarif und fahre in aller Gemütlichkeit unter der
Woche an den entferntesten Ort der Republik und wieder
zurück, zum Beispiel von Freilassing an der bayrisch-öster-
reichischen Grenze auf die Insel Sylt oder nach Kiel. Man
schwebt quasi über die Schienen dahin, hat nichts Bestimmtes
zu tun, hat also zwangsläufig jede Menge Muße. Auch dabei
kann sich ein unfertiger Rohling erneut entfalten und seine
endgültige Fassung finden.

Was macht Geschichten *lebendiger?*

Was macht eine Story eigentlich lebendig? Zunächst einmal
muß sie körperlich sein. Grundlage dieser Körperlichkeit sind
zwei Beobachtungen – die eines Dichters und die eines Psycho-
logen:
Edgar Allan Poe notierte in seinen poetologischen Arbeiten
einmal: »Gefühle darf man nicht beschreiben, man muß sie im
Leser erzeugen«.
Das leuchtet unmittelbar ein und läßt sich auch sofort in die
Praxis umsetzen. Psychologisch fundierter ist das von W. Car-
penter (1813-1885) entdeckte und formulierte »ideomotori-
sche Prinzip«. Dieses seither auch als *Carpenter-Effekt* bezeich-
nete Phänomen beinhaltet, daß bereits die Wahrnehmung von
Bewegungen im Betrachter ungewollt einen Impuls zum Mit-
machen weckt; dies kann man besonders deutlich bei den Besu-
chern von Sportveranstaltungen beobachten. Auch schon die
bloße Vorstellung einer bestimmten Bewegung kann diese in
verkleinertem Umfang auslösen. Es handelt sich also um eine
Art Resonanz. Ich möchte sie als *Körper-Resonanz* bezeichnen.

Man kann den Carpenter-Effekt leicht an sich selbst beobachten. Wenn man längere Zeit vor dem Fernseher gesessen hat und sich hinterher mit geschlossenen Augen ein paar Minuten Ruhe gönnt, wird einem erst bewußt, in welch hohem Ausmaß das gesamte Körpergeschehen während des scheinbar völlig passiven Zuschauens beteiligt ist. Durch entsprechend hohe Adrenalinausschüttungen der Nebennierenrinde ist der Kreislauf aktiviert, das Herz schlägt schneller, der Puls ist auf Hochtouren, der ganze Grundumsatz ist ebenfalls erhöht; deshalb treten auch vermehrter Harndrang und entsprechend Durst- und Hungergefühle auf.

Schon beim Lesen eines spannenden Buches kann man beobachten, wie einem buchstäblich »die Ohren rot werden«, wie die Körpertemperatur sich leicht erhöht und wie man vielleicht sogar regelrecht ins Zittern gerät.

Solche Körperlichkeit kann man üben. Raum, Zeit und Körper müssen auch beim Erzählen zusammenkommen. Spannung im Erzählverlauf verlangt Körperlichkeit, Resonanz in vielen Schichten; je mehr Schichten und Bereiche des *Körper-Schemas** angesprochen werden, um so intensiver reagiert der Leser. Allerdings kommt es darauf an, was man mit seinem Text genau erreichen möchte.

Ein solcher Text, der Körperliches mit einbezieht, weckt im Idealfall uralte Erinnerungen, bis weit zurück in die früheste Kindheit. Sie sind dem Leser (ja schon dem Autor) oft nicht einmal bewußt, wirken aber trotzdem. Warum macht uns beispielsweise die Schilderung eines bestimmten Vorgangs in einer Geschichte traurig – obgleich gar nicht unbedingt etwas Trauriges beschrieben wird? Vielleicht steht im Text dieser Satz:

---

* Ein Ausdruck der Gehirnforschung. Er bezeichnet den Sachverhalt, daß alle äußeren und inneren Organe, ja überhaupt sämtliche Teile des Körpers im Gehirn zu einer Art (unbewußtem) Schaltbild, eben dem Körper-Schema, verbunden sind.

Die alte Frau stützte ihre Arme auf das Fensterbrett und schaute hinaus in den grauen November. Unten auf dem nebelnassen Asphalt der Dorfstraße spielte ein kleines Mädchen. Sie hüpfte mit eigenartig langsamen Bewegungen, als hätte sie gar keine Lust dazu, über die Kästchen eines Himmel-und-Hölle, dessen verwaschene Linien kaum mehr zu erkennen waren …

Und der Leser, die Leserin wundert sich vielleicht, daß plötzlich Tränen fließen. Wieso das?

Es ist anzunehmen, daß irgendein Element dieser Szene in unserem Unbewußten mit einer traurigen Erfahrung verbunden ist. Das kann die Erwähnung des »grauen November« sein; oder die »alte Frau, die ihre Arme auf das Fensterbrett stützt« (weil wir vielleicht so die eigene Großmutter kurz vor ihrem Tod zum letztenmal gesehen haben). Das kann die Erwähnung der »Dorfstraße« sein, weil diese ein Stück untergegangener Kinderwelt aktiviert; oder das Spiel »Himmel und Hölle«. Wenn der Autor diese Szene lebhaft genug vor unser geistiges Auge hinzustellen vermag, wird sie uns mit großer Wahrscheinlichkeit (erneut) traurig machen. Man kann den Carpenter-Effekt also ganz bewußt einsetzen. Hierfür eignen sich

– speziell alle Körperbewegungen und alles, was das Gleichgewichtsgefühl betrifft. Hierzu gehören beispielsweise die ungewollte oder unbewußte Nachahmung von Bewegungen, etwa eines Tennisspielers, von Sprechweisen (eines Stotterers), Laufen und Tanzen;

– allgemein alles, was die Sinnlichkeit stimuliert, also irgendeines der Sinnesorgane anspricht.

Der Pornograph hat es dabei wohl am einfachsten, weil er vergleichweise unverblümt zur Sache kommen kann: Er schreibt die Worte »erigierter Penis«, »rosa Brustwarze« oder »feuchte Scham« hin oder noch Deutlicheres – und schon reagiert jeder einigermaßen normale Leser.

Der amerikanische Sinologe Ernest Fenollosa entwickelte Anfang dieses Jahrhunderts eine ungewöhnliche Theorie über die

Entstehung von natürlichen Sprachen. Die chinesischen Schriftzeichen* sind für Fenollos das Muster, nach dem alle Sprachen sich entwickelt haben. Diese chinesischen Pictogramme sind häufig so etwas wie Aktionsbilder, das heißt, sie stellen Figuren oder Tiere in Bewegung dar. Beispielsweise wird der Satz »*Der Mann sieht das Pferd*« durch diese drei Zeichen dargestellt:

1. Ein wellenförmig gebogener Mensch mit gespreizten Händen (also deutlich bewegt);
2. ein Auge auf zwei Beinen;
3. ein Pferd.

Fenollosa schließt daraus, daß Wörter ursprünglich eine Handlung, einen lebendigen Vorgang bezeichneten, daß sie also vielmehr Verben waren als nur Substantive. Vorausgesetzt, diese Theorie stimmt, so hätten bereits die Wörter der urtümlichen Sprachen richtige kleine Geschichten erzählt – ganz anders als bei den modernen Sprachen, in denen die einstmals so dynamischen Verben (die *Tuns*-Wörter, wie sie in der Volksschule anschaulich hießen) weitgehend durch die statischen Substantive ersetzt worden sind. So hat die *High-tech*-Sprache des Englischen nur noch rund zehn Prozent Verben, die untechnische Bantu-Sprache der afrikanischen Kikuyu hingegen gut die Hälfte.

---

* Diesen Zeichen liegen nicht Buchstaben zugrunde, wie bei den europäischen Sprachen, sondern Silben einer ursprünglich aus Bildern abgeleiteten Schrift.

»Gaben, wer hätte sie nicht?«

> *»Gaben, wer hätte sie nicht? Talente – Spielzeug für Kinder.*
> *Erst der Ernst macht den Mann, erst der Fleiß das Genie.«*
> (Theodor Fontane)

Was ich in diesem Buch über die Kurzgeschichte und ihre Ge-
setzmäßigkeiten gesagt habe, gilt in analoger Weise auch für
alle anderen Erzählformen wie die Novelle und den Roman.
Meiner Erfahrung nach lassen sie sich auch auf Sachtexte übertragen und sogar auf Lyrik. Selbst der Psalm erzählt; und im
Gebet wenden wir uns an ein verehrtes Höheres Wesen – mit
unseren Geschichten!
Wenn auch bei einem Gedicht die Atmosphäre das wichtigste
ist, tut es ihm doch gut, einen Plot zu haben und einen Spannungsbogen. Dies möchte ich nicht nur von der Ballade behaupten, die ja stets eine Geschichte mit Handlungsverlauf
erzählt – man denke nur an die »Füße im Feuer« von Conrad
Ferdinand Meyer oder den Schillerschen »Taucher«.
Selbst die extrem konzentrierte, sich auf drei Zeilen und 17 Silben beschränkende japanische Form des Haiku hat in gewissem
Sinne einen Plot, eine Message, eine Handlung – die man allerdings erst meditierend entfalten muß:

> Schnee schmilzt am Fenster
> Dies Buch ist nun ausgesät:
> In Dir zu wachsen

Wird man in Zukunft überhaupt noch (Kurz-)Geschichten
brauchen? Werden nicht Unterhaltungselektronik und Computer das Erzählen und Schreiben von Stories völlig verdrän-
gen? Ich glaube nicht. In Zukunft werden zwar die Computer
zu einem wesentlichen Bestandteil der Unterhaltungsbranche
werden, ja regelrecht mit ihr verschmelzen. Computerspiele

werden noch vor der Jahrtausendwende mittels der »virtuellen Realität« des Cyberspace eine Qualität erreichen, die jene des Kinos (und des Fernsehen sowieso) bei weitem übertreffen wird. Das geschriebene Wort wird da einen immer schwereren Stand haben. Trotzdem wird man immer – und sogar immer häufiger – Geschichten benötigen, die unter anderem für die neuen Medien umgesetzt werden können – in welcher Form auch immer: als interaktives Abenteuerspiel, als multimediales Infotainment oder Edutainment auf CD-Rom, als Buch in HyperText-Manier...

Wer aber liefert all die Ideen und Geschichten, die da demnächst via geplanten 500 Kanälen auf die Menschheit losgelassen werden? Es wird in Zukunft noch wichtiger sein, daß Geschichten erlebt, erdacht und aufgeschrieben werden, um diesen gigantischen Hunger der Menschheit nach Unterhaltung und *künstlicher Wirklichkeit* zu stillen.

Wenn dieses Buch hilft, solche Geschichten zu schreiben, mehr von ihnen und vor allem gute, hat es seinen Zweck erfüllt. In diesem Sinne wünsche ich Ihnen viel Spaß bei Ihren eigenen Streifzügen in Scheherezades Reich. Ich möchte zum Abschluß jedoch noch eine Kleinigkeit zu bedenken geben, die man beherzigen sollte, wenn Schreiben nicht zur mechanischen, sinnentleerten Fron wie so vieles andere werden soll:

> »Wehe, meine Hand. Was hast du alles an weißem Pergament beschrieben! Dem Pergament wirst du zu Ruhm verhelfen. Und selbst einst nur die kahle Spitze eines Knochenhaufens bilden.«*

Ihr
Jürgen vom Scheidt

* Anonym, irisch, 12. Jahrhundert

Anhang

Der Mensch hat wohl täglich Gelegenheit, in Emmendingen und Gundelfingen so gut als in Amsterdam, Betrachtungen über den Unbestand aller irdischen Dinge anzustellen, wenn er will, und zufrieden zu werden mit seinem Schicksal, wenn auch nicht viel gebratene Tauben für ihn in der Luft herumfliegen. Aber auf dem seltsamsten Umweg kam ein deutscher Handwerksbursche in Amsterdam durch den Irrtum zur Wahrheit und zu ihrer Erkenntnis. Denn als er in diese große und reiche Handelsstadt voll prächtiger Häuser, wogender Schiffe und geschäftiger Menschen gekommen war, fiel ihm sogleich ein großes und schönes Haus in die Augen, wie er auf seiner ganzen Wanderschaft von Tuttlingen bis nach Amsterdam noch keines erlebt hatte. Lange betrachtete er mit Verwunderung dies kostbare Gebäude, die sechs Kamine auf dem Dach, die schönen Gesimse und die hohen Fenster, größer als an des Vaters Haus daheim die Tür. Endlich konnte er sich nicht entbrechen, einen Vorübergehenden anzureden.

»Guter Freund«, redete er ihn an, »könnt ihr mir nicht sagen, wie der Herr heißt, dem dieses wunderschöne Haus gehört mit den Fenstern voll Tulipanen, Sternenblumen und Levkojen?« Der Mann aber, der vermutlich etwas Wichtigeres zu tun hatte und zum Unglück geradesoviel von der deutschen Sprache verstand als der Fragende von der holländischen, nämlich nichts, sagte kurz und schnauzig: »Kannitverstan!« und schnurrte vorüber. Dies war nur ein holländisches Wort, oder drei, wenn mans recht betrachtet, und heißt auf deutsch soviel als: Ich kann euch nicht verstehn. Aber der gute Fremdling glaubte, es sei der Name des Mannes, nach dem er gefragt hatte. ›Das muß ein grundreicher Mann sein, der Herr Kannitverstan‹, dachte er und ging weiter.

Gaß aus, Gaß ein kam er endlich an den Meerbusen, der da heißt: Het Ei, oder auf deutsch: das Ypsilon. Da stand nun Schiff an Schiff und Mastbaum an Mastbaum, und er wußte anfänglich nicht, wie er es mit seinen zwei einzigen Augen durchfechten werde, alle diese Merkwürdigkeiten genug zu sehen und zu betrachten, bis endlich ein großes Schiff seine Aufmerksamkeit an sich zog, das vor kurzem aus Ostindien angelangt war und jetzt eben ausgeladen wurde. Schon standen ganze Reihen von Kisten und Ballen auf- und nebeneinander am Lande. Noch immer wurden mehrere herausgewälzt, und Fässer voll Zucker und Kaffee, voll Reis und Pfeffer und salveni Mausdreck darunter.

Als er aber lange zugesehen hatte, fragte er endlich einen, der eben eine Kiste auf der Achsel heraustrug, wie der glückliche Mann heiße, dem das Meer alle diese Waren an das Land bringe. »Kannitverstan!« war die Antwort. Da dachte er: ›Haha, schauts da heraus? Kein Wunder! Wem das Meer solche Reichtümer an das Land schwemmt, der hat gut solche Häuser in die Welt stellen und solcherlei Tulipanen vor die Fenster in vergoldeten Scherben.‹ Jetzt ging er wieder zurück und stellte eine recht traurige Betrachtung bei sich selbst an, was er für ein armer Teufel sei unter so viel reichen Leuten in der Welt.

Aber als er eben dachte: Wenn ichs doch nur auch einmal so gut bekäme, wie dieser Herr Kannitverstan es hat!, kam er um eine Ecke und erblickte einen großen Leichenzug. Vier schwarz vermummte Pferde zogen einen ebenfalls schwarz überzogenen Leichenwagen langsam und traurig, als ob sie wüßten, daß sie einen Toten in seine Ruhe führten. Ein langer Zug von Freunden und Bekannten des Verstorbenen folgte nach, Paar um Paar, verhüllt in schwarze Mäntel und stumm. In der Ferne läutete ein einsames Glöcklein. Jetzt ergriff unsern Fremdling ein wehmütiges Gefühl, das an keinem guten Menschen vorübergeht, wenn er eine Leiche sieht, und blieb mit dem Hut in den Händen andächtig stehen, bis alles vorüber war. Doch machte er sich an den letzten vom Zug, der eben in der Stelle ausrechnete, was er an seiner Baumwolle gewinnen könnte, wenn der

Zentner um zehn Gulden aufschlüge, ergriff ihn sachte am Mantel und bat ihn treuherzig um Exküse. »Das muß wohl auch ein guter Freund von Euch gewesen sein«, sagte er, »dem das Glöcklein läutet, daß Ihr so betrübt und nachdenklich mitgeht?«

»Kannitverstan« war die Antwort. Da fielen unserm guten Tuttlinger ein paar große Tränen aus den Augen, und es ward ihm auf einmal schwer und wieder leicht ums Herz. »Armer Kannitverstan«, rief er aus, »was hast du nun von allem deinem Reichtum? Was ich einst von meiner Armut auch bekomme: ein Totenkleid und ein Leintuch, und von allen deinen schönen Blumen vielleicht einen Rosmarin auf die kalte Brust oder eine Raute.« Mit diesem Gedanken begleitete er die Leiche, als wenn er dazugehörte, bis ans Grab, sah den vermeinten Herrn Kannitverstan hinabsenken in seine Ruhestätte und ward von der holländischen Leichenpredigt, von der er kein Wort verstand, mehr gerührt als von mancher deutschen, auf die er nicht achtgab.

Endlich ging er leichten Herzens mit den anderen wieder fort, verzehrte in einer Herberge, wo man Deutsch verstand, mit gutem Appetit ein Stück Limburger Käse, und wenn es ihm wieder einmal schwerfallen wollte, daß so viele Leute in der Welt so reich seien und er so arm, so dachte er nur an den Herrn Kannitverstan in Amsterdam, an sein großes Haus, an sein reiches Schiff und an sein enges Grab.

Johann Peter Hebel

Ammann, Ruth: Traumbild Haus. Von den Lebensräumen der Seele. Olten 1987 (Walter).

Auster, Paul: Die Erfindung der Einsamkeit. Reinbek 1993 (Rowohlt). (Zit.n. der Rez. von Klaus Modick, SZ v. 9.6.93).

ders.: Mond über Manhattan. Reinbek 1991 (Rowohlt).

Bakunin, Michail A., zit. n. Galle, H.J.: »An den Quellen der Science-fiction-Literatur«, Munich Round Up Nr. 161, 30.4.92.

Barthels, Manfred: Lexikon der Pseudonyme. Düsseldorf 1986 (Econ). Überarb. TB-Ausgabe München 1989 (Heyne).

Beck, Harald (Hrsg.): Romananfänge. Rund 500 erste Sätze. Zürich 1992 (Haffmans).

Böll, Heinrich, zit.n. Riha, Karl a.a.O. S. 123.

Bradbury, Ray: Zen in der Kunst des Schreibens. (1973). Zweisprachige Ausgabe englisch/deutsch Basel 1987 (Sphinx).

Brodkey, Harold: Unschuld. Nahezu klassische Geschichten. Reinbek 1992 (Rowohlt).

Brook, Peter: Der leere Raum. München 1975 (dtv).

Cain, James M., zit.n. Klaus Podak, SZ v. 4.7.92, Wochenend-Beilage.

Calvino, Italo: Wenn ein Reisender in einer Winternacht. München 1983 (Hanser) (München 1989: dtv Großdruck 25031).

Campbell, Joseph: Der Heros in tausend Gestalten. (1949) Frankfurt a.M. 1978 (Suhrkamp)

Cooper, Lukas: »Klassen-Skizzen«, in: Shapard, Robert und James Thomas (Hrsg.): Plötzliche Geschichten.

Durlacher, Gerhard L.: »Nach Auschwitz hat man keine Angst mehr«; zit. n. SZ v. 2.10.94.

Durzak, Manfred: Die deutsche Kurzgeschichte der Gegenwart. Stuttgart 1980.

ders.: Die Kunst der Kurzgeschichte. München 1989

Endres, Elisabeth: »Der Plot und der Flop«, in: SZ v. 29.6.92.

Faulkner, William, z.n. Haffmans, Gerd (Hg.): Über William Faulkner. Zürich 1973, S. 156.

Fenollosa, Ernest – zit. n. Blumenthal, P. J.: »Wetten, Sie können eine Sprache erfinden?«, in: p.m. magazin Nr. 7/ 18.6.93.

Frenzel, Elisabeth: Stoffe der Weltliteratur. 7. Aufl. Stuttgart 1988 (Kröner).

Freud, Sigmund: »Das Unheimliche«. (1919) Ges. Werke Bd. XII, Frankfurt a. M. 1966 (S. Fischer). -

ders.: Die Traumdeutung (1900). Ges. Werke Bd. II/III.

ders.: Zur Psychopathologie des Alltagslebens. (1901) Ges. Werke Bd. IV, Frankfurt a. M. 1969 (S. Fischer).

Gadau, Claus: How to write a Short Story – Zum historischen Wandel der Kurzgeschichtentheorie in amerikanischen Leitfäden zum Verfassen kurzer Prosaerzählungen. Frankfurt a. M. 1984 (Peter Lang).

Gerlach, John: Toward the End. Closure und Structure in the American Short Story. University of Alabama 1985 (The University of Alabama Press).

Haft, Fritjof: »Wie man flink eine Million Leser gewinnt«, in: Zeit Nr. 46 v. 14.11.69.

Hauptmann, Gerhart, zit. n. Tank, Gerhart Hauptmann. Reinbek 1959 (Rowohlt Monographie)

Heißenbüttel, Helmut: Wenn Adolf Hitler den Krieg nicht gewonnen hätte. Stuttgart 1979.

Held, Monika: »Geschichten aus der Wüste«, in: Brigitte Nr. 10/5.5.93.

Highsmith, Patricia: Suspense, oder: Wie man einen Thriller schreibt. (1966) Zürich 1985 (Diogenes)

Hochrain, Helmut: Die 5000-Mark-Story, oder: Die Kunst, mit kleinen Geschichten das große Geld zu machen. Gröbenzell 1988 (Komma Press).

Hoeg, Peter: Fräulein Smillas Gespür für Schnee. München 1994 (Hanser).

Hohler, Franz und Jürg Schubiger: Hin- und Her-Geschichten. Frankfurt a. M. 1989 (Fischer TB 9258).

Iehl, Dominique und Horst Hombourg (Hrsg.): Von der Novelle zur Kurzgeschichte. Beiträge zur Geschichte der deutschen Erzählliteratur. Frankfurt a. M. 1990 (Peter Lang).

Joyce, James, zit.n. »Wissenschaftler findet unbekanntes Joyce-Buch« (SZ vom 6. Okt 1992, dpa-Meldung).

Junhua, Sun: Zeitgeschichte und Kurzgeschichte. Ein Vergleich der deutschen und chinesischen Kurzgeschichte 1945-1952/1976-1982. Frankfurt a. M. 1992 (Peter Lang).

Kafka, Franz: zit. n.: Lurker, Manfred, a.a.O.

Kauka, Rolf, zit. n. SZ-Magazin v. 5.12.92 (Comic-Heft).

Kipling, Rudyard: »Die schönste Geschichte der Welt«, in: Harrison, Harry (Hrsg.): Gezeiten des Lichts. München 1973 (Kindler).

König, Barbara: »Familiengeschichte«. In: Ensemble 13 – Internationales Jahrbuch für Literatur. München 1982 (dtv).

LeBlanc, Thomas (Hrsg.): Die Ewige Bibliothek. Wetzlar 1990 (Signet Verlag).

Lohafer, Susan: Coming to Terms with the Short Story. Baton Rouge/London 1983 (Louisiana State University Press).

dies. und Jo Ellyn Clarey (Hrsg.): Short Story Theory at the Crossroads. Baton Rouge/London 1989 (Louisiana State University Press).

Lubbers, Klaus (Hrsg.): Die englische und amerikanische Kurzgeschichte. Darmstadt 1990 (Wiss. Buchgesellschaft).

Marschik, Matthias: Poesietherapie. Therapie durch Schreiben? Wien 1993 (Turia & Kant).

Marx, Leonie: Die deutsche Kurzgeschichte. Stuttgart 1985 (J. B. Metzler).

Metha, Gita: Narmada. München 1993 (Droemer Knaur).

Moosleitner, Peter und Jochen Malms: »Die todsicheren Rezepte der Gruselautoren«, in: p.m.magazin Nr. 1/1993.

Morris, Desmond: Körpersignale. München 1993 (Heyne).

Nayhauss, Hans-Christoph Graf von (Hrsg.): Kürzestgeschichten. Stuttgart 1982 (Reclam).

ders. (Hrsg.): Theorie der Kurzgeschichte. Stuttgart 1977 (Reclam).

Neumeister, Andreas, zit. n. Steinberger, Petra: »Der Schriftsteller als Weltempfänger«, SZ v. 27.5.93.

Okopenko, Andreas: Lexikon-Roman einer sentimentalen Reise
zum Exporteurtreffen in Druden. Salzburg 1970 (Residenz).

Olbricht, Ingrid: Dem Virus auf der Spur. Innenansicht einer
Psychotherapie. München 1987 (Kösel).

Poe, Edgar Allan: Detektivgeschichten. (1845) München 1992
(dtv).

Riha, Karl: »Kürzestgeschichten am Beispiel von Helmut Heißenbüttel und Ror Wolf«, in: Iehl und Homburg, a. a. O. (S. 120)

Rodari, Gianni: Grammatik der Phantasie. (1973) Leipzig 1992
(Reclam)

Rosendorfer, Herbert: Briefe in die chinesische Vergangenheit.
München 1983 (Nymphenburger).

Ruhm, Herbert (Hrsg.) : Die besten Stories aus dem welt-
berühmten ›Black Mask Magazine‹. München 1979 (Gold-
mann TB 4818).

Schami, Rafik: »Als der Angstmacher Angst bekam«, in: Scha-
mir: Der Fliegenmelker. München 1989 (dtv Bd. 11081).

Scheidt, Jürgen vom: »Descensus ad inferos«, in: Barmeyer,
Eike (Hrsg.): Science-fiction. München 1972 (UTB – W.
Fink).

ders.: »Honoré Balzac: Traum und Wirklichkeit«, in: Popp,
Georg (Hrsg.): Die Großen der Welt. Würzburg 1985
(Arena), S. 481.

ders.: Kreatives Schreiben. (1989) 3. überarb. Auflage Frankfurt
a. M. 1993 (Fischer TB 11950).

Schenkel, Elmar: »Das Unlehrbare lehren? Erfahrungen mit
›Creative Writing‹ in den USA«. In: LitFass – Zeitschrift für
Literatur, Nr. 47, München Nov. 1987 (Piper).

Scheppach, Josef: »Wodurch aus Tieren Menschen wurden«, in:
pm magazin Nr. 3/15.2.85.

Schipperges, Heinrich: Homo Patiens. Zur Geschichte des
kranken Menschen. München 1985 (Piper).

Schlesinger, Thomas und Keith Cunningham: »Screenwriter as
Storyteller«. Manuskript zur »Drehbuch-Werkstatt« der

HFF (Hochschule für Film und Fernsehen), München 13.-17. Juli 1992.

Shapard, Robert und James Thomas (Hrsg.): Plötzliche Geschichten. (1986) Frankfurt a. M. 1991 (S. Fischer; auch als Fischer TB 11415).

Stark, Franz: Faszination Deutsch, München 1993 (Langen-Müller).

Sturm, Norbert: »Dem Bücherwurm wachsen Flügel«, in: SZ v. 13.11.93.

Tank, Kurt Lothar: Gerhart Hauptmann, Hamburg 1959 (Rowohlt Monographie), S. 32.

Thau, Martin: »Dramaturgisches Grundkonzept«, in: »Drehbuchwerkstatt München«, München 1993 (Hochschule für Fernsehen und Film).

Thomas, Michael, Studien zur Short Story als fiktional-narrativer Textform und die Möglichkeiten einer Typenbildung. Frankfurt a. M./Bern 1982 (Peter Lang).

Timm, Uwe: Kopfjäger. Köln 1993 (Kiepenheuer & Witsch).

Westphalen, Joseph von (Hrsg.): Profit. Die besten Geschichten des Montblanc-Literaturpreises 1991. München 1991 (Piper).

ders. (Hrsg.): Umarmungen. Die besten Geschichten des Montblanc-Literaturpreises 1992. München 1992 (Piper).

ders. (Hrsg.): Der Gipfel. Die besten Geschichten des Montblanc-Literaturpreises 1993. München 1993 (dtv).

Weigand, Jörg: Pseudonyme. Baden-Baden 1991 (Nomos).

Wilder, Billy: »Du sollst nicht langweilen!«, in SZ Nr. 187 vom 14.8.1992.

Wittstock, Uwe: »Autoren in der Sackgasse«, in: SZ v. 26.2.94.

Wolf, Ror: Mehrere Männer. Zweiundachtzig ziemlich kurze Geschichten, zwölf Collagen und eine längere Reise. Darmstadt 1987.

Kontaktadresse für Seminare:

Postfach 44 02 38
80751 München

Adressen von Wettbewerben

Ein guter Antrieb, eine Geschichte zu überarbeiten und druckreif zu machen, ist die Teilnahme an einem Wettbewerb – die
ideale Möglichkeit, auch als Anfänger zu reüssieren. Man findet
Ausschreibungen zu den verschiedensten Themen in der Zeitschrift »Der Literat«.[1] Man findet dort außer diesen offenen
Wettbewerben auch solche exklusiver Art (zum Beispiel
beschränkt auf Bewohner bestimmter Landstriche oder Bundes-
länder, auf Altersgruppen wie Jugendliche oder Senioren, oder
auf spezielle Berufsgruppen wie Technik– oder Medizin–Journalisten). Hauptsache, man beteiligt sich!
Genres und Formen gedeihen naturgemäß immer dann, wenn
man sie fördert. Eine Trivialität, sollte man meinen. Warum fördert niemand wirklich intensiv und vor allem kontinuierlich die
Kurzgeschichte? Zwei Gegenbeispiele möchte ich anführen:
– Der »Science Fiction Club Deutschland« (der 50er und 60er
Jahre) und
– der »Lyrische Oktober« von Inge und Theo Czernik.
Es gab eine Zeit, da hatte der »SFCD« an die 1000 Mitglieder –
während er heute mit ein paar Hundert in den verschiedensten
Gruppen und Ableger-Grüppchen dahindümpelt. Er gedieh in
den 60er Jahren deshalb so gut, weil ein paar engagierte Leute
ein gedeihliches Klima für den Verein schufen. Dieser bot in ei-
ner Reihe von Publikationen wie dem monatlich erscheinenden
»ANDROmeda« oder dem professionellen Magazin »**Utopia**«
Anfängern wie Fortgeschrittenen eine Plattform zur Veröffent-

---

1 Postfach 2129 (D-65803) Bad Soden.

lichung und Diskussion ihrer Stories. Als die *Alten* die Lust verloren beziehungsweise von jüngeren Fans mit anderen, mehr politisch–ideologischen Interessen vergrault wurden, schrumpfte das Ganze binnen weniger Jahre zu einem kläglichen Schatten seiner selbst.

Mit anderen Spezial–Genres wie dem Krimi sieht es nicht besser aus; desgleichen leider mit der Literaturform Kurzgeschichte überhaupt. Kein Mensch kümmert sich so richtig um sie. Daran werden auch die paar Wettbewerbe nur wenig ändern, mit denen die Firma »Montblanc« und das Frauenmagazin »Brigitte« als Sponsoren ihr Renommé aufputzen wollen. Was not tut, das ist echtes (das heißt wirklich uneigennütziges) Mäzenatentum, das für entsprechende Veranstaltungen (Tagungen, Kongresse, Wettbewerbe und Publikationen) ebenso sorgt, wie für die nicht minder wichtige wissenschaftliche Aufarbeitung und nicht zuletzt für Pressearbeit und Public Relations. Vor allem aber müssen die Mäzene die verschiedenen Bemühungen, die ja durchaus vorhanden sind, zu einem kraftvollen *Dauerbrand* bündeln, damit nicht immer wieder nur kleine Feuerchen auflodern und ebenso rasch wieder in sich zusammenfallen.

Das kann man nicht mit Geld aus dem PR–Etat machen (»Montblanc«[2] und »Brigitte«[3] lassen jährlich immerhin gut 100000 Mark springen), sondern das bedarf auch eines professionellen Engagements, und zwar nicht nur ab und an, sondern über Jahre hinweg. Fünf bis sieben Jahre müßten es schon sein, sonst entsteht kein entsprechend stabiles *Kreatives Feld*.

Nur eine Utopie ohne Aussicht auf Verwirklichung? Auf einem vergleichsweise wenig publikumswirksamen Sektor der Literatur, dem der Lyrik, hat das Verleger-Paar Inge und Theo Czernik[4] gezeigt, daß man mit Einsatz und Beharrlichkeit wirklich publizistische Inseln schaffen kann, die einen Teil der Literatur gedeihen lassen, dem man im modernen Literaturbetrieb wenig bis null Chancen gibt. Inzwischen fand der »10. Lyrische

2   Dieser Preis wird seit 1992 nicht mehr öffentlich ausgeschrieben.
3   »Bettina von Arnim«-Preis, Redaktion »Brigitte«, (D-20444) Hamburg.
4   »Lyrischer Oktober«, Alex-Möller-Str.49 (D-68766) Hockenheim .

Oktober« statt und eine andere Tagung, die »Freudenstädter Lyriktage«, jährte sich 1993 immerhin auch schon das dritte Mal.

Für das Genre *Phantastische Literatur* gibt es übrigens auch einen Modellfall: Die von Thomas LeBlanc begründeten »Tage der Phantastischen Literatur«[5] in Wetzlar, mit der parallel dazu aufgebauten »Phantastischen Bibliothek«. Dort wurde bereits eine Anthologie mit phantastischen und Science-fiction-Geschichten veröffentlicht (LeBlanc, Hrsg.: Die Ewige Bibliothek); aber das Schwergewicht liegt auf der umfangreicheren Erzählung, wie schon die jährliche Vergabe des (vom Oberbürgermeister der Stadt gestifteten) Preises für den besten phantastischen Roman zeigt.

Es müßte sich also jemand finden, der mit ähnlichem Einsatz der Kurzgeschichte eine entsprechende Plattform schafft. Fühlt sich jemand angesprochen? Wann also finden die »Tage der Kurzgeschichte« in X–Hausen statt?

5 Kontaktadresse: »Phantastische Bibliothek«, PF 2120 (D-35573) Wetzlar.

Jürgen vom Scheidt
Kreatives Schreiben
Texte zu sich selbst und zu anderen

Band 11950

Der in mehreren Auflagen erschienene, vielgelobte Band erscheint hier in überarbeiteter und ergänzter Neuausgabe. In
seiner Schreibanleitung demonstriert der Autor anhand vie-
ler Beispiele die kreative und heilende Kraft, die im Verfassen
von Texten wirksam ist und die sich jeder, nicht nur der Schriftsteller und Journalist, zunutze machen kann. Schreiben ist
nach Auffassung des Autors ein Hilfsmittel bei der Suche
nach dem eigenen Selbst. Das »Schreiben in der Gruppe«, vom
Autor in seinen Schreibseminaren praktiziert, kann offensicht-
lich sowohl die Sehnsucht nach Freiheit wie die Sehnsucht
nach Geborgenheit befriedigen.

Fischer Taschenbuch Verlag

fi 1032 / 2

Literarische Anthologien

Fischer Taschenbuch Verlag